U0058590

祕密之法

改變人生的嶄新世界觀

大川隆法
Ryuho Okawa

台灣幸福科學出版有限公司

前言

由於科學的發展，現代文明當中應該不再存在無法解釋的事物，但為何又為何，日常生活當中仍舊充滿著未知之事？

自己能作為人活在這個世間，對於如此不可思議之事，希望人們能更加醒悟。

本書記載了各種不可思議的事件及體驗，雖然有很多人沒有察覺，但是對有著靈性之眼的宗教家來說，這世界就像是被另一個法則所引導的鮮明世界。

本書應能給予各位嶄新的世界觀，以及邁向未來人生的嶄新指針。

當《祕密之法》轉變為你自身的「常識」時，世界即會變得更加美麗而充滿喜悅。

接著，你必然會對於神將生命賜予自身之神祕抱持感謝。

二〇二〇年　十二月

幸福科學集團創立者兼總裁　大川隆法

目 錄
Contents

第二章

論靈障者的康復——病毒感染與附身的祕密

第三章

眞實驅魔師的條件——驅魔的靈性祕儀

第四章

降魔的王道——何謂讓世界光輝閃耀的法力 205

第五章

第一章

宗教的祕密世界

——解明世間與靈界的眞相

1 從「本來的世界」來觀看世間的方法

現今學問並非幫助了「追求真理」，而是「阻礙了真理」

在本章當中，我將立足點放在「本來的世界」，而非世俗的生存方式，進而講述我的想法及思考之事。

現實中，在明治時期後進入日本的許多西方學問，在實用上，或在數理技術層面，都相當程度地派上了用場。但是在宗教所教導的「真理世界」或「神祕世界」中，那些學問是完全無力的。不僅無力，就某種意義上而言，它反而變得有害。所謂的學問必須是對「真理的探究」，但現今學問本身卻成為了「阻礙真理」的存在。

更明確地說，從佛法真理來看，也就是說從「真實的真理世界」來看，那般學問就像是「破銅爛鐵之山」。的確，即便是破銅爛鐵之山，只要將其分類，壓縮類似的物品，即能夠變成其他的東西。運用這種世俗的「變形之力」，或許可以將它們改變成其他東西，但終究是破銅爛鐵，不管如何重組，終究只是阻礙真理的存在。

因此，人們的頭腦當中裝了很多那樣的學問，即使體驗了靈性現象，通常會先抱持否定、懷疑的態度，而無法率直地正視它。

所以和過去相比，曾「經歷過靈性體驗」的人似乎少了許多。或者，可能「其實經歷過」，卻自行以唯物論的想法將其否定。也因為否認自己有那般體驗，或許很多情況是根本沒意識到那即是靈性體驗，事情就過去了。

恐怖電影看來多是荒唐無稽之談

這樣看來，在電影的世界裡，無論是日本還是海外的恐怖電影，從像我這樣有著眾多靈性體驗的人來看，「荒唐無稽」、「這種事情不可能真的發生」的內容比比皆是，應該都是些以憑空想像拍出來的作品。

在這層面上，雖然攝影團隊可能認為「總比什麼都沒有來得好」，但重點是，他們只是在拚命刺激人類的「恐懼感」而已。「要如何才能強化恐懼，讓恐懼之心像是雲霄飛車一樣高潮迭起呢？要如何才能讓恐懼替代娛樂？」看起來他們是以此為目標。因此，即使拍攝了恐怖片，或許那僅是「鬼屋的延伸」罷了。

從前看過的電影中，有一部美國恐怖電影叫「夜霧殺機」（*THE FOG*）。作品內容描述在起霧的日子裡出現了幽靈船，百年前被島上居民殺害的船員們侵襲了小島。既然說是侵襲，出現的應該即是幽靈。

我稍微看了一下這部作品，內容實在太不合理，好像「只要能嚇人什麼都行」，低成本的B級片氣味相當濃厚。上映的時候，首輪票房好像曾拿下了第一名，但在我看來只是部B級片。

總之，那些幽靈是搭乘幽靈船而來，想必都是船員，然而他們卻都長著腳。那個國家基本上都是用土葬，所以他們所描繪的幽靈都是殭屍的樣子。電影中，就像是「被埋葬的人們都復活而出」，所以不但能用槍彈攻擊，還能用火燒，就因為他們都變成了殭屍模樣。

此外，那些幽靈船員在大霧瀰漫時侵入屋內，他們穿著像是長靴或雨靴一樣的鞋子，竟然能倒著行走在天花板上，還留下會滴水的足跡。這是不可能的事，只能說這是對幽靈沒有認識之人所拍的電影。

不過，這般情景也出現在其他作品當中。

在驅魔師之類的電影當中，被惡靈附身的人像韻律體操般倒立、身體變成像蝦子一般下樓梯，或者是頭可以旋轉三百六十度。如果是人類的話，不可能頭部旋轉了三百六十度還不折斷，也無法倒立行走。

雖說這是因為試圖讓人害怕而那樣製作，但有點過於不真實，感覺反而失去了可信度。又或者，若不那樣演出的話，就無法呈現出恐怖的感覺。

若能充分瞭解靈性世界，「恐懼」即會消失

仔細想想，我自己幾乎每天都在與那些離開此世的人們交談。在早期，或許多少有過令我感到「害怕」的經驗，但是工作近四十年之後，已不再特別有任何「恐懼」的情緒。

這或許是起因於靈性能力。

在幸福科學裡，即便有時會讓惡魔或惡靈出現講述靈言，但因為他們也有非常「可愛」之處，所以有時或許會反遭誤解。偶爾出現在電視上進行驅魔的一般靈能師，當被惡靈附身時，常常會出現滿頭是汗、在地上打滾的痛苦情形。在這層意義上，惡魔或惡靈或許滿可怕的。

本會在降下靈言時，只要召喚，該靈就會前來，說了「請回去」，該靈就會離開。因為大多都是聽從指示的靈，所以或許並不那麼可怕，這都是由於靈性能力的力量有所差異，才會出現如此情形。

就算對象是高級靈，即便現在看起來我能普通地與其對話，但最初我打開靈道的時候，態度是更加敬畏的，「對方來自高遠世界，我作為世間之人，不可對高級靈有所不敬」。然而，隨著我的悟性逐漸提高，彼此的立場出現了明顯逆轉，因此，我認為那只不過是兩相比較而已。

對於完全不瞭解靈性世界的人來說，所有那方面的事物都會變得「恐怖」、「不可思議」、「會嚇到跳起來」，但是對於靈性世界多有認識的人來說，就沒有那麼可怕。在大白天出現會讓一般人打冷顫感到驚嚇的現象，在熟知靈性世界之人的眼裡，也只會覺得「啊，現在有點忙，能不能先到旁邊去呢」，因此不會陷入恐怖片中常見的「被血海淹沒」的感覺。我認為在這方面是有很大的區別。

之所以感到恐怖，終究是因為自己用世俗的角度來看待一切，進而感覺到「與立足之地不同的遙遠世界是非常可怕的地方」。

若欠缺特別的條件，靈就無法對世間造成影響

另一方面，若是抱持著「靈界才是本來的世界」的觀點來處事，並

且將生活在世間視為「靈性存在寄宿於肉體之中生活」的話，情況會變成怎樣呢？

人在世間有著肉體，在自己主導、控制的情況下，靈魂進入肉體，藉由靈子線連接，靈魂與肉體合為一體。因此通常肉體不會被其它靈體綁架，也不會被侵入。

而在靈界是「沒有肉體，只有靈體」的狀態，所以在世間「肉體和靈體已一體化」的我們，其實是有強大力量的。那些靈體因為沒有肉體，即便想要對世間造成影響，若欠缺特殊的條件，是無法辦到的。

歐美的恐怖片中，出現許多幽靈能施展具有物理性的超自然靈性能力，但因為歐美人以葷食為主，也會用槍殺人，從以前開始就用山刀之類的工具切割動物的肉來吃，所以我覺得「或許與日本稍微不同之處，就在於強力的念力」。

但是在一般情況，人變成了靈體後，即使想要移動世間的物品，若非具備必要條件，物品是不會動的。十個人當中恐怕連一個人都辦不到，機率上或許要更低一些，或許百不及一。

再說，靈體不論引起什麼動靜，多半會被認為是自然現象。例如書啪嗒一聲掉下來，或者風吹進室內，大多人都會想著「是哪裡的門窗忘記關了嗎」、「書掉了，可能是地震了吧」，對大多數人來說都是難以理解的。

然而，我想大家從孩提時期開始，就曾有過因恐怖故事、電影、書、電視等，進而起雞皮疙瘩的經驗吧。

附帶一提，在現代的日語中，「起雞皮疙瘩」似乎多用於好的意思，比如「美好到起雞皮疙瘩」等。以前雖然也曾使用這樣的形容，卻是多用於不好的方面，例如「因為靈性現象侵襲而害怕得起雞皮疙瘩」

等等，就「恐怖」的意義來使用的時間較長。然而最近不明其義的人越來越多，比方說「收到鑽戒起了雞皮疙瘩」，如此運用在正向方面，以致意思上變得有些曖昧不明。

不論如何，當人們聽到恐怖、驚悚的話題，就會產生「起雞皮疙瘩」的現象。

過去，當我用英語向外國人提及諾斯特拉達姆斯的故事，對方即說「我起了雞皮疙瘩」，讓我了解到「原來外國人也會這樣啊！即使人種不同，也會出現一樣的反應」。

因此，作為一種現象，我想人們都曾有過毛骨悚然，或莫名感受到寒意的經歷。或許因為有著那般怪異的「靈性感受」，導致很多人並不想要了解靈界。

自古修行者就孤身隱居於山間的理由

一般社會中，存在著太多會釋放出β波的東西，阻礙了人們與靈界的連結。譬如電視、廣播、其他各種音樂，或是人們之間的對話和噪音等，全都是阻礙，當各種「聲音」出現時，人們和靈界之間的連結，就如斷斷續續的通訊般被切斷。

在這層意義上，自古以來，很多修行者之所以會孤身一人隱居山中修行，大多是因為不想讓自己受到外界干擾。

然而，那也有種種困難之處，譬如在進行名為千日回峰行的苦修時，有時走路、有時閉關，但據說在「同時進行斷食又閉關的情況下，魔境就會出現」。

那是指感官似乎會變得非常敏感，對聲響也變得很敏感，就連平常聽不到的聲音，也變得什麼都能夠聽得見。

就像這樣「盡可能地遠離各種干擾因素，獨自累積靈性體驗」，這是從古至今的修行常做之事，鮮少有那般體驗的人，的確大多是因為「感受不到」。除非出現了某些物理現象，否則通常是感受不到的。但若是持續遭遇痛苦不幸的經歷，人們就會開始有所察覺。

就像這樣，即便有一些現象可以讓世人得知靈界的存在，不過現在的數量已大不如前。

2 人魂的眞相

在我小學時，有許多人說自己「見過人魂」

在我童年時期，小學的同學當中，曾有許多人說看到了「人魂」，也稱作「火球」。當時確實有一部分的人看過，而且還能清楚指出在哪裡看到。

譬如，現在已改建成幼兒園，以前一所名為川島小學的學校，是我曾就讀的地方。

在校園後面下方有一片農田，在那塊土地上搭了一面擋球網，被大家叫做後操場。我們常在那裡打壘球，到了傍晚，有時就會發生令人害怕的事。

在擋球網的上方，小朋友常常會看到人魂出現。在那鄉下地方，當有人喊「那不是人魂嗎」，大家就會說「對啊！快回去吧」，進而慌張地收拾球棒、球和手套，趕緊跑回家。

此外，說到時常出現人魂的地方，幸福科學的電影中也曾出現這個場景。那是在阿波川島車站到德島車站的途中，距離車站約一百到兩百公尺左右的地方，有一條貫穿小山丘的道路，在山丘的右側其實有一座墳墓。

我們在孩童時期，白天常常若無其事地在那裡玩捉迷藏、挖洞，玩著像是「湯姆歷險記」一樣的遊戲，有時還會惹地主生氣。到了傍晚，因為很多人曾看到那裡有人魂出現，所以大家多半到了傍晚就會回家。

另外，我在其他書籍當中也曾寫過，在我小學時期，有一個比我大一歲的朋友。從我家到那個孩子家的距離，用走的並不遠。穿過了架著防護柵欄的高架橋就可以看到了。我想他的家應該是農家，在小學低年級的時候，我常常和他在他家的緣廊下將棋。

他家是兩層樓式的建築，他的爺爺過世前一週，曾經有幾個人說「看到了人魂從屋頂上進進出出」，當時的我還在想「原來有這種事啊」，結果過了約一週後，他的爺爺竟真的過世了。

放到現在來說，那是他的爺爺正在練習「靈魂脫離肉體」，爺爺的靈魂進出於肉體，時進時出。在當時有很多這樣的傳說。

另外，在我小學的時候，大家都很自然地說著「出現在墳場的人魂、火球，其實是磷在燃燒」，不過那種說法很是奇怪，因為遺體都被焚燒了，還會有磷殘留嗎？不過，在人體當中的確存在著像是加入火柴棒頭的磷的成分，所以當時有些有別於週刊的少年雜誌聲稱，「就是因為磷的燃燒，所以才會變成那樣」，進而把照片刊登在彩色頁上。

但是仔細想想，如果已妥善地立了墓碑，若非經過長久的歲月，應該不會有磷突然起火，飛到空中這種事情吧。

話雖如此，當時我還是有很多這樣的經驗。

有許多人目擊被監視器錄下的人魂

接下來要提的，是最新聽到的傳聞。

我的父親（善川三朗名譽顧問），在二〇〇三年八月十二日過世。家父從那一年約莫五月開始住院，然而從家母居住的家到住院的地方有點距離，即便白天有人會去探望他，但因家父多數時間也都處於昏睡狀態，大約三個月左右，家母等人都沒有去過。

盂蘭盆節的時候家父辭世，那段時間，包括照料家母的秘書在內，有許多人都目擊到了人魂。

家母家門口的玄關處，有裝設一台正對著大門的監視器，家母說：「監視器的錄影畫面上，可以看到有很多人魂在飛，那真讓人感到毛骨悚然！」

因為家父正好是在盂蘭盆節期間過世，所以家母便問說：「既然有一個以上的人魂，那或許不只你父親，是不是來迎接他的人呢？」

綜上所述，人魂似乎會在攝影機中顯像，「在這架攝影機裡顯像的火球，到底是什麼東西呢？」我們必須以某種科學的方法判斷才行。

有人主張「那是電漿體」，但這樣說的人並不相信靈界。即使在早稻田大學理工學系以實驗裝置製造了電漿體，並說「這就是人魂的真面目」，但若是在其他地方並沒有類似的實驗裝置存在，人魂自然無法四處飛舞吧。另外，若說是將螢火蟲誤認為人魂，又因其大小不同，自然也是不成立的。

另外，還有一個小學時期聽到的故事。我於出生地川島町的親戚，在一個夏日的夜晚前去捕撈鮎魚和鰻魚，在本會的電影中常出現的潛水橋附近，乘著木船，用燈籠照亮河底，以魚叉捕魚。

因為鮎魚之類的魚會吃苔蘚，不論是用誘餌，或是旋轉魚鉤，都無法成功捕獲，但是到了晚上，牠們運動緩慢，就能從上方用魚叉捕捉牠們。親戚便是從事這樣的工作。

親戚說，「當時，在潛水橋的上方有一個巨大的人魂飛舞著，照亮了河底，連河底的石頭都清晰可見！」人魂似乎有一定的亮度，這十分不可思議。

若不理解「人類也是靈體」，死後將難以踏上歸路

只是，我「詢問」過變成了人魂的人，他們完全沒有自己已經變成人魂的感受，只有像是作為人飛在空中的感覺。

以前我曾在《神祕之法》等書中提到，「如果把手伸進人魂之中，會發生什麼事」的問題，這可是具有金氏世界紀錄等級價值的內容。

因為這樣的機會並不多，所以實例非常少，但即便如此，我聽說過兩則曾經將手伸進人魂的例子。其中一人說「感覺像棉花糖」，另一個人則說「觸感就像正摸著絲綢一樣」，而且人魂還有著不至於造成燒傷的熱度。

我也多少能理解那般感觸，人魂仍以為自己還有著肉體。因為是相對視角，從人魂的角度來看，會覺得「自己在空中飛著，若飛得很低，

鬼就會從下面追上自己」。

雖然是這般不可思議的世界，不過人若是無法理解「一旦死了，會變成靈魂飛在空中」的話，就會發生各式各樣的狀況。

此外，如果沒有理解到「人是靈體」的話，死後將難以踏上歸路。為了能順利踏上死後的歸途，實際上在死前不久，人的靈體就會在連結著靈子線的狀態下，練習脫離肉體後再返回。又或者是在醫院住院的時候，會體驗到從天花板上往下看，或是和已過世的親戚、祖先相會等事情。將死之人常常會在清醒時和前來探病的客人們談論這些故事。

只不過，即便和他人說起這樣的事，對方也不會有多大反應，或許只會以「是啊是啊」敷衍帶過而已。

不論如何，能理解「人的本體即是靈體」是非常重要的。

西方和東方的幽靈體驗形式有所不同

在西方，就像前文所提到的，「殭屍型」的復活似乎很多。或許是起源於埃及的木乃伊習俗，以及記載於聖經中的耶穌復活，才讓西方人對幽靈有著這樣的理解。西方故事裡，並不太出現「人魂型」的幽靈。

另一方面，在東方，例如中國，就常常出現類似人魂的存在。而在印度的文獻中，也常記載著從亡者胸口冒出類似小球的東西，其體積或許比我們想像的更小。

實際上在東方，有很多人都看到過這種東西吧！我想，也許是因為做瞑想修行或瑜伽修行的人比較多吧！

當發生靈體為世人帶來影響的情形時，有時是死後沒過多久之人，來到像是我們幸福科學這樣的宗教傳達某些訊息，或者是各式各樣的靈人們有著使命，進而前來我們這裡傳達某些道理。

除此之外的情形，大多是無法前往天國之人，和處於與其生前有所關聯地點的某人，或生前有所交集之人，因為某種契機而交會。像這樣的事情，也算是一種幽靈體驗。

3 各種「靈性體驗」和「靈場的存在」

對最近恐怖電影中「使用電子設備的幽靈」的質疑

最近一些恐怖電影裡出現的幽靈，會使用智慧型手機等電子設備，這種劇情讓我感到質疑。

例如，有一部出現了名為「七夜怪談」的幽靈的電影。「把錄影帶放進錄放影機中，如果觀看了其中的內容，就會接到一通來電，在接到電話後一週便會死亡」，電影是在描述這樣的故事。

其中劇中的電話一說雖然有些奇怪，但詛咒性質上是類似於「不幸之信」，已經看過影片被詛咒的人，轉而讓下一個人觀看相同影片的話，自己身上的詛咒就會轉移給下一個人。然而，現今已不再使用錄放影機，它已經被智慧型手機和其他物品取代。

「就某種意義上來說，靈或許具備電的性質」，或許這麼說並沒有錯，可是我認為仍有些地方不合理。

說是來自幽靈的電話，但那是從哪裡打來的？是用某支手機或是某處的公共電話？讓人實在很難不質疑發話來源。對於幽靈竟然還能記得電話號碼也感到奇怪，甚至在手機的畫面上，還會顯示這是來自某某某的電話，對此我實在是感到狐疑。

當然，作為劇情來說，那樣的編排或許比較好，雖然我也曾想過「靈界是不是也變得機械化了呢」，然而，我至今尚未看過那般機械化的靈界。

不過，如果不成佛靈是來自於多以操作電腦為主的公司，或許就會拿著類似機器的物品，所以也無法完全否定靈體能持有機器。假如是持續幾十年都從事這類型工作的人無法回到靈界的話，或許此人就會拿著機器。

一般來說，靈體大多無法使用世間的各種製品，也有很多靈體無法理解相關的知識。

在這層意義上，「能夠乘坐電車的幽靈」，其本身就已非常了不起。電車的時速每小時幾十公里，就算靈體能入座，但我想會發生「只有電車出發，自己卻仍站在鐵軌上」的情況。

因此，乘坐電車的幽靈，應該是用相當快的速度於空中飛行才對。對幽靈來說，乘坐電車是相當困難的事。我認為那般靈魂應該知道要如何才不會被丟出車外。

讓身體側轉，進而解除「鬼壓床」的經驗

我想，在各位當中有些人曾以各種形式經歷過「靈界體驗」或「幽靈體驗」，我也曾在各種著作中寫下我個人的真實經驗。

當時，在我老家的附近，尚有另一間木造房子，這房子也曾出現在幸福科學的電影當中。家父年輕時在那裡經營工廠，倒閉後，因為一樓廢棄了而變得有些可怕，但我還是以二樓作為讀書的地方。

雖然只是晚上去那裡讀書，但那個地方實在令人感到害怕。裡面一片漆黑，不開燈就無法進去。由於要拿著手電筒才能進去開燈，所以對孩子來說，每天都像是在試膽。

有一天，我記得那天是假日，傍晚在那裡小憩時，胸口突然就像被什麼壓著一樣動彈不得，類似於傳說中「鬼壓床」的狀態。我能清楚

看見一雙漆黑的手壓在自己胸口上，對方的臉也是全黑，看不清楚下半身。因為我是被壓著的，就算想動，身體也動不了。

當時，我將「身體向右側轉，從被子裡滾出來」，才終於解除鬼壓床。經過那次經驗，我記住了脫離鬼壓床的方法。

自那次之後，即便已鮮少發生類似的事，但那真的是令人無法呼吸，身體無法動彈的狀態。

若是被鬼壓床的話就會變得難以動彈，所以請試著練習一下，讓身體側轉從床上滾出來。雖然可能會從床上掉到地板上，但我想這方法是可行的。

幽靈似乎不擅長側轉。人處於鬼壓床的狀態下，無法縱向坐起身，但是幽靈好像不太知道如何阻止側轉。

在地球的地表之下探索廣闊靈界的經驗

還有一件我記得很清楚的事，那是在小學五年級左右發生的事情。

川島神社秋祭的時候，因為町內的人基本上都是同一神明的信徒，所以小學生們穿著法被，頭上纏著頭巾，抬著神轎在町內到處來回行走。像是萬聖節一樣，他們一邊收下香火錢，一邊在町內繞行著。我也曾體驗過這樣的活動。

但實際上，實在是又累又熱，那天我還發了高燒。

當天我抬著神社的神轎，現在回想起來，或許是什麼靈性存在附身到我身上，不過當時的我並不知道。

那個時候我發燒到三十九快四十度，且原因不明，我記得除了我枕了冰枕降溫之外，家人還裝了某種東西在天花板上，讓室溫變得低一點。之後，我才睡著。

高燒當下我感覺自己像被吸進了地球當中，從一個類似隧道的洞被咻地吸進地球中心，但是在下降的過程中，我看到了各種世界。

最後我抵達了地心，卻回不去了。我來到地球的中心，心想著「這不是岩漿嗎？糟糕了」並試圖返回地表時，卻怎麼也回不去。

「或許從另一端就能夠回去了吧」，當我想著要向地球的另一端移動時，我就真的從另一端跳了出來而得以返回。這是我曾體驗過的事。

雖然距今已是五十二年前、五十三年前的事，但我仍然清楚記得。那般清晰而明確的彩色影像令人難忘，實在是不敢相信那是夢境。

這應該就是「靈界體驗」或「靈界探險」吧！或許，地獄界的靈界就是在地球的地表之下擴展開來。我還看到了岩漿，那或許就是所謂的「灼熱地獄」或「焦熱地獄」的真面目吧！

在那般岩漿地帶中存在著某種靈界，或許當中有人正因高溫而痛苦著。大部分的情形，那些應該都是因激烈的憤怒而被苛責的人們吧！

我也曾試著去過那樣的地方。

靈性磁場十分強烈的「靈場」是什麼樣的地方

同樣的，其實在地球上，存在著眾多以物質角度無法看見的「靈場」，或被稱為「能量點」，不過如此說法太過於簡單了，那些應該是女學生喜歡去的地方。

當然，那的確是一個能量點，靈性磁場非常強烈。像那樣的地方有著特殊的靈場，其中大多存在著靈界。例如，集結了信仰的山脈，又或是自古以來修行者的修行之地，像那種靈場當中有著靈界。

在富士山等聚集信仰的地方也是如此。從世間的角度來看，富士山上或山腳下有著很多那樣的靈場。此外，在阿蘇山附近或是德島一帶亦有著靈場。

簡而言之，通常在匯聚強大的信仰心，或某種巨大的靈性遺跡所在之處，大多存在著靈場。而那樣的能量點，大多都和靈界相連結。

特別是在世間多被提及，一個名為「香巴拉」的地方，其入口在西藏附近。喜馬拉雅山上有一個叫做香巴拉的靈場，據說瑜伽行者和仙人們於其中修行。

這在神智學系統中經常被提及。或許在印度修行的人，和中國仙人系統的修行者都曾有在那裡修行的經驗吧。實際上，那裡的確有著靈性磁場。在地球最高的山中，有著那樣修行的磁場。

大部分的人是在死後到香巴拉修行，也有不少活著的時候做著瑜伽修行或仙人修行的人，只有其靈魂前往該處進行修行的例子。

訓練的內容各不相同，但似乎大家都抱持著「希望能在靈性上更加覺醒」的心境在修行。其中也有不少被稱為「大師」的靈性指導者。

此外，也有些人不是被稱為「大師」，而是「阿凡達」（Avatar），這是更偉大的稱呼。雖然「阿凡達」通常指的是在靈界中，講授特殊祕密修行的大導師，不過有時，大約數千年一次，阿凡達會誕生於地球，作為救世主，肩負掀起大規模靈性改革的工作。

那般階級的人，有些在像是香巴拉那類地方進行修行或指導，除此之外，也有些人存在於靈界中被稱為天上界的地方，那裡也有能夠進行訓練之地。

就我靈視所見，在靈界的訓練中心之類的地方進行訓練的人，約有數千位左右。

4 天狗、仙人、妖怪、妖狐的世界

為了獲得靈性力量而偏離正道的人

那麼，雖然有很多人想要在靈性磁場中，經由鍛鍊而得到靈性覺醒，或者是說獲得靈性力量，但其中有一些人卻偏離了正道。

雖然這些人想透過靈性能力，來達成某種意義上的自我實現，然而經常有人因此踏入非正道的世界。

簡單來說，那些人過於拘泥於靈性的影響力、神祕力，或者是奇蹟，既不探究「作為人的正確的人生態度」或「回到靈界之後的正確靈性人生態度」等，又忽略了天使和菩薩的正道是正確地引導世間人們，僅僅在意自己能否獲得「特殊能力」。

例如，有部美國電影「奇異博士」（*Doctor Strange*），其中有靈能者製作看似光環的物品，以及使用「能量力量」進行戰鬥。但要說這「是否等同於真正意義上的靈性覺悟」，也還是存在著若干疑問。

天使、大天使們，或是菩薩、如來等，有許多擁有神祕力量的人們。雖然也有只重視自身力量的人，但還是以「教義」引導世人才是王道。除了這些走在王道之路的人們之外，另有一群人是以「眼所可見的方式」，發揮自己的神祕力量。

著重在這方面進行靈性修行，進而無法進入屬於王道的菩薩、天使境界的人們，即會進入與所謂的「天上界」、「地獄界」有些許不同的世界。在那般世界當中，存在著「天狗界」、「仙人界」，或是被稱為「妖怪」的存在。

說到那些人是否為完全的惡魔，倒也還沒到那種程度。大多是一些想要「透過提高自己的力量、靈性能力，進而達成自我實現，並且想讓世界驚嘆、想被他人尊敬」，或者是「運用不屬於這個世界的力量，盡力排除自己的敵人」之人。

「天狗」的意念很強，雖可急速成長，但也會急轉直下

日本有很多「天狗」，雖然我想這和進行山嶽修行有著關係，有很多人能使用那般靈性能力。

這類人偶爾也會做些好事，不過嚴格來說自私、利己的想法非常強烈，所以也很難都只是做好事。俗話說「天狗喜歡惡作劇」，也可能因此而跌跤。

簡單來說，因為這種人的意念非常強烈，此人的公司可能會快速成長，如果是政治家的話即能獲得非常崇高的地位。雖然有時會急速上升，但也有可能因故突然從雲端跌落。

以武士來說，我認為過去平家就存在著許多天狗般的人物。

平清盛也是，在當家時就迅速擁有掌握天下的力量。他雖然說著「非平氏者非人也」，但從短時間內平家便迅速滅亡的情形來看，這是典型的天狗模式。雖然能夠急速成長，在根本上卻缺乏「堅實的愛」，才會導致如此結果。

「妖怪」擅長威脅、使他人恐懼

此外，動畫或漫畫中也都曾描述過「妖怪」的世界，而靈界是「創造的世界」，是使用生命的能量體，讓各種生命體得以存在的世界。

因此，人類能想像出來的東西，大多都能存在於靈界，其中也有現今已絕跡的古代生物，或許多已消逝的存在。這些存在當中，也有著像妖怪那樣的東西，妖怪具有著擅長「威脅他人、使人恐懼」的特性。

他們所做的事，還不足以達到成為佛法真理的內容，他們可以使用「妖力」，並且還有人做著那般訓練。他們經常練習如何「變身」，或許是長久以來的淵源，讓他們在持續練習的過程中，就真的變得能夠變身。

日本有「狸貓」和「狐狸」，但「狐狸」在數量上卻是壓倒性的多。當然，也還有很多其他種類的妖怪。這些東西，因為有著「變化身」，所以能進行各種變化。

特別是，即便此人作為人靈轉生於世間，但若是用某種動物加以形容的話，有時此人還真的很像那種動物。

有時人們會將此現象解釋為「那是靈魂的兄弟姐妹」，但在日本神道當中，則經常解釋為「此人有著變化身，可以變化成動物的身軀」。例如，妖怪可以變身成老虎、大蛇、龍、大鳥等型態的變化身。

若在靈界，如果能掌握「變化能力」，就可以進行變身。也有些人擅於以這種力量，威脅在靈界中的普通世界裡生活的人。

雖然有著一些幼稚之處，但是這些人多是在技術上，如工匠一般全心投入的類型，在各領域專家當中，存在著這樣的人。

「仙人」雖然具備能力，卻不擅於與人來往

此外，這世間還存在著「仙人」。

仙人或許不會像妖怪做著那麼無意義的事，但是和天狗有點不同。

有很多仙人是作為修行僧，雖然是進行著宗教修行，但重點是放在磨練肉體的苦行，偏離了中道的修行。這些人都有著仙人的力量，印度的修行者都被稱為仙人，所以也未必都是負面的評價。

然而，在修行的程度尚未達到王道的境界時，常常會搞砸與他人之間的人際關係。「從世間來看，此人就像技術人士、專業人士，有著非常突出的特殊能力，人際關係卻很差」，仙人當中有很多這一類的人。

在混亂時期作為革新之用而被解放的天狗、仙人、妖怪

若問從外在觀察天狗、妖怪、仙人是否具備著實體，實在是有難以分辨之處。因為他們能做出各式各樣的變化，比方說現身於世間進行惡

作劇，或是在靈界的天上界引發混亂，甚至前去地獄界引發各種事端。

有時必須要讓世間興起變化，屆時，天狗、仙人、妖怪的世界的門會被打開，他們會轉生到世間。即使並非全員如此，但是在那般混亂時期容易轉生於世間。譬如，他們容易出現於如戰國時代。若沒有這些人出現，時代就無法出現變化，所以他們經常作為革新之用而被解放。

在戰國武將中，既有著像光明天使一樣的人，也有如同天狗一般的人。或者，有些人在世之時，就變成了地獄的惡魔，死後也去了那樣的世界，所以現實當中，來自各種世界的人，正在這個世間爭奪霸權。

天狗、仙人、妖怪的差異

例如，在以明智光秀作為主角的二〇二〇年大河劇「麒麟來了」當中，明智光秀似乎是一個具有信仰心之人。不過，當時位於相當於現今岐阜附近的齋藤道三，他也是《盜國物語》的主角，此人應該是天狗。的確，世間當中也有那樣的人。我想許多現代的政治家，或在急速成長的公司中，存在著眾多屬於天狗之人。

如果是需要某些技術的工作的話，很不可思議的是，在這個不斷進化的高科技世界，有很多仙人出沒於其中。

事實上，他們的目標是「在靈界中可行的各種技術，如果運用在世間當中，會出現何種成果呢」，我想有很多人正研究著那方面的內容。

在發明家當中，一些奇人、怪人之中也有很多仙人，明明從事著優秀的工作卻難以被旁人認同，甚至有時還會引發不和諧的狀況。然而，我認為在這世間，還是需要一定數量的這樣的人。

「對於非常熱衷於擴張勢力的人」、「執著於成為偉人的人」當中，若是加以分類，大多為天狗。而「陶醉於優異技術的人」當中，仙人則佔多數。

此外，屬於妖怪系統的人，非常討厭自己的真面目被發現，所以大多是「有雙重人格的人」。很多時候這種人顯現於外在的一面，與內心當中的想法或私下作出的行為有所差異。

這種類型的人們，有著能自由穿梭於天國或緊連著地上界的靈界、地獄界的力量。對此，各位應該要有所認識。

影響紅燈區等場所的「妖狐系統」和「蛇系統」之靈

除此之外，在日本數量特別多的是，在靈體上被認為是「狐靈體」的存在。

在日本全國有非常多的稻荷神社，該處聚集了眾多人們的信仰，而信仰聚集之後，經常能形成一股相當程度的靈力。若是聚集了過多希望能得現世利益的欲望的話，狐靈體就會擁有一定程度的靈力。

日本非常盛行稻荷信仰，因此到處有著自稱是各種神明的稻荷神，或者說「狐系統」、「妖狐系統」的靈魂。我想在民間的靈能者、算命師、經營小規模宗教的教祖當中，也有很多這樣的人。

像這樣的靈，有時某種程度上會引發一些奇蹟，但從長遠的角度來看，難以判斷那究竟是否為好事。

此外，除了「狐系統」，還有「蛇系統」的靈，這和「色情系統」關聯頗深，若是與其牽連過多，可能會墮入畜生道或色情地獄。若是被那類型的人欺騙，極有可能會陷入那樣的慘況，所以不應過度來往。

然而，從事特種行業的人當中，有很多人會去向稻荷神祈願、參拜稻荷神社，實際上，稻荷神社當中的靈性存在，會幫忙拉攏客人。現今在那些紅燈區的入口處，那些靈性存在會在那裡攬客，將客人拉進店裡。所以不只是店員在那裡拉客人，那些「靈體」也會在那邊幫忙。

經常出入於那些地方的上班族，想必多少都會受到影響吧。但一般來說，那些靈體大多僅是纏在他們身上「兩天一夜」左右。

喝酒遊玩之後，把靈帶回家中，隔天到了公司上班，那些靈又附身在其他人身上，變不見了。但是曾被那些靈附身過的人，會常常想要去那些場所，又被那些地方給吸引而去。所以若是涉足太深的話，常常會被那些靈賴在身上不走。

不過，被附身之後，有時靈感會莫名地變得很強，能精準預料各種事，或者看破各種事物，所以未必全都是負面的一面。

在銀座或新橋附近等能喝酒的地方，常聽到有上司帶著下屬過去，詢問酒店小姐「你覺得這當中誰會出人頭地」之類的「人才檢定」問題，很意外地，據說有時還真的說得蠻準確的。

給算命師看過之後，多會殘留和兩棲類接觸過的感覺

此外，世間也有很多算命師，常見的如看手相或卦象之類的，我年輕的時候曾被幾位算命師潑過冷水。在我已經具備了靈性能力之後，曾到過幾處看手相和算名字的地方，看到了那些算命師，的確能感覺到他們「多少有點靈感」，或是他們的身上跟著某些東西。

不過，在請那些人幫我看過之後，我感覺自己就像是接觸到了兩棲類生物。我就像是摸到了青蛙那一類，皮膚能分泌黏液的生物。

這類型的人讓人感到陰沉、黏著，並且在其他的世界中鮮少會遇見

這類型的人。

或許在西洋占卜的女巫、魔女身上，也附著於類似的靈體。雖然我的經驗不足，但應該是有附著那些靈魂。

除此之外，雖然有些算命師只是騙子，不過對於那些把算命當作工作的人來說，通常多有著給予靈感的某種靈性存在。

然而，其真面目有著難以辨別之處。或許算命師會認為那是仙人，但我自己是有像是碰觸到黏著物的感覺，所以我想應該是介於「仙人」和「妖怪」之間的兩棲類存在吧。或許在那遠離人群，棲息於隱密世界當中的靈性存在，給予著算命師某種靈感吧。

5 越是變得靈性，就越是需要進行「心之修行」

在世間的修行若是不夠，在靈界有時也將接受「補考」

至今談論了各種內容，終究靈魂寄宿於人體時，不論是誰都過著「人類型」的生活，進入肉體的靈魂也是「人類型」。並且，作為人擁有著個性活了幾十年，死後，在下一次轉世之前，通常就以作為人時的名字、外貌、性別生活在靈界。

不過，對於過去在靈性上曾經歷各種特殊經歷的人來說，此人在死後不久，大多就會變回「本來的樣貌」。

此外，如果是「天使系列」的人，很多時候必須在靈界通過好幾段的考試，並接受靈性祕儀，否則就無法上到更高的境界。

若是那些人活在世間時，對於他人的幫助做得不夠多的話，那麼回到靈界之後，就會多少進行一些工作，幫助那些陷入困惑當中的世人們。如果沒有以指導靈、支援靈的型態，幫助世人，累積自身之德，有時就無法得到再往上提升的機會。

因此，有些人在靈性上會幫助那些對於世間有所助益之人，或者是對於尚留有使命之人，幫助此人的疾病能痊癒或遠離意外事故。

在成為天使、菩薩之前，若是在世間的修行不足，此人就必須在靈界接受補考。

當然，真正的天使、菩薩們，為了保護在世間有著非常重大使命的人挺身而出，是理所應當之事。

人既可以讓疾病「消失」，亦可「創造」出疾病

此外，人也可能創造出疾病出來。因為人本身即是生命能量，因此人可以將一部分的生命能量轉變為病灶，創造出疾病。人既可以讓疾病「消失」，亦可「創造」出疾病。

譬如，若是對於某人，集中詛咒的念波的話，也就是說，如果生靈附在此人身上、詛咒的念波一直出現的狀態變成常態的話，那麼與那般波長相通的存在就會出現，進而助其一臂之力。於是，此人的體內就會開始出現病變。那不需要花多少時間，不到一天，就會創造出病變。

然而，藉由抱持正確的信仰，與正確的指導靈等相連結，也能夠讓疾病消失。

自二〇二〇年起，新聞即開始報導中國的新冠病毒的消息，看到那

般細微、微小的新冠病毒體，我即知道那疾病是被新創造出來的。

那是基於某種意圖而被創造出來，但是在疾病背後也存在著各種神意，所以無法一概而論。

越是變得靈性，就越是必須謙虛、誠實、正直地努力

因此，即便是變得靈性，也會因為「對自己進行指導的是何種存在」，進而使得自己前進的方向有所不同，必須要有所留意。

特別是，因為我是強力的「磁鐵」，所以閱讀我的書籍、聆聽我的講演、經常與我接觸，或經常在我身邊的話，受到「磁鐵」的影響，很多人也會因此被「磁化」。

在那期間，這些人的靈感會變強，能夠感受到靈性存在，或者是能

讀到他人內心的想法。並且，有時其靈道會呈現半開的狀態，只不過在此時必須要留意以下之事。

若是因此覺得「自己很偉大」，或者是執著於自己前世的名字的話，心就會出現空隙。自己以為靈道已打開，認為自己會往光明天使的方向去，卻經常會被邪惡之物侵入，要加以阻止並非易事。

靈道打開之時，指的是「窗戶是打開的狀態」。也就是說，玄關的大門雖然是關上的，但窗戶是打開的，所以外人能夠闖入。若非自己能自由地開關窗戶，否則其他靈魂就能跑進來。

徘徊在地上的大多是惡性靈魂，有些人會被那些惡靈附身，也有很多人因此發出更為惡性的心念。

因此，當「心窗」開啟，並且開始感覺到一些靈性現象時，必須要進行正確的修行。此外，「認真」、「踏實努力」、「謙虛」、「正直」也非常重要。並且，必須讓自己盡力排除掉，像是「狐狸」、「狸貓」、「蛇」等動物的特質。

那即是指「對他人的怒氣、憎恨」、「排斥或欺騙他人的心情」、「蠱惑他人，以不當的方式騙走他人錢財的想法」，或者是「覺得自己很了不起，動不動就想捧高自己」、「希望他人失敗、沒落」。

若是出現這些心情，並且還具備靈性能力的話，對此有所感應的靈性存在就會出現，致使自己走向毀滅，或是自己投以負面心念的人，進而出現了眾多惡性現象。

所以如果自覺於自己在靈性上有所進步，就必須要更為謙虛、誠實、正直地努力，作出為人應該要有的努力。

即使容易感應到靈性存在，仍必須透過道德和常識來判斷正邪

正如同最初所提到的，如果過於深究世間的學問，一般來說靈感大多會變得遲鈍，不相信靈性事物，進而傾向無神論、唯物論，這是非常危險的。

反之，傳統的新興宗教的教祖當中，有很多人沒有做過學問，因此無法了解正邪，無法明確地區分「在世間可為之事及不可為之事」。

即便一開始心地純粹，容易感應到靈性存在，但若是開始營運組織，或者是站在足以影響他人的立場時，終究還是必須學習世俗之事，努力認識「在法律或道德上能為之事及不可為之事」，並且加以區分、判斷。

因此，必須看看鏡中的自己，是否是扭曲的、奇怪的。此外，若是

用「果實」來判斷，自己所說的事，是否使人發狂、讓他人迷惑、不幸呢？對此加以回顧非常重要。

如果變成了容易接受靈感的體質，但如果自以為「我能寫出各種小說」，進而一直寫殺人事件的小說的話，死後即會前往不好的地方。

在寫那種殺人事件小說的時候，那些在刑場被處死的人的靈會前來，給予此人「我可是用這種手法把人給殺了」的靈感，進而此人認為「原來還有那種殺法啊！這還是很新的手法」並將其寫下來。即便因此賺到錢，但之後是不會有好事發生的，死後將會前往不好的地方。

因此，不可盡是自滿於自己能讀到或感受到他人內心的想法，更是要認為「自己的心必須像是透明的玻璃」，讓己心變得更為清淨。

雖然如果世俗知識變得過於沉重，會讓自己像是穿著盔甲一般。然而為了判斷事物的正邪，掌握某種程度的道德、常識還是很重要的。

反之，精通世俗知識、工作能幹之人，也必須要有著一顆透明之心。或許可以用「理解詩詞內容」來形容，各位必須要維持一顆足以理解詩詞的純粹之心。

若是不停地喝酒、和人聊天、賭馬、賭賽車、打麻將、玩小鋼珠等賭博遊戲，或者和不良之人來往，經常出入靈域上不好的場所等，終究就會和那般靈性存在相通。

因此，要盡可能地避開那些人事物，保持距離。靠近那些事物，不會發生什麼好事。所以盡量不去接觸，端正自己的生活態度非常重要。

盡可能讓自己所讀、所聽、所看，避免接觸到壞的事物，將精力集中於好的事物才是重要。

6 對應惡靈、惡魔的方法

被惡靈附身的人，將變得無法學習我的教義

如果真的變成被惡靈附身的狀態，或被小惡魔附身的話，就會發生以下的事情。

惡魔也有階級，如果只是破壞家庭和公司，光是小惡魔或是小魔王的水準就能辦得到。如果一直被那些東西附身，此人應該會變成無法閱讀我的書吧！

即便周遭之人，將我所寫的基本教義書籍，送給那些「被附身之人」，並跟此人說「試著讀讀看」，但此人應該是讀不下去的。如此例

子看過太多了。

就算此人加以閱讀，書上的字雖能進入眼簾，但意思就進不到腦袋當中。就像是被反彈一樣，即便讀了也不懂其意義。

我的講演有製作成CD或DVD，若在此人面前播放個五分鐘，不是附身在此人的惡靈逃離而出，要不就是此人睡著。

以前我也曾經說過，在我還任職於商社的時期，有一個同事被犬神附身。但當時我還是公司的新進人員，對於這個被二十幾隻犬神附身的人，實在無法幫忙加以驅除。

當時雖然那個人在公司中被他人厭惡，但據說他在年輕時，被旁人評價優秀，後來才漸漸被公司冷落。

然而，那個人還姑且相信有靈性存在，他曾經求助於我，我曾經給他聆聽過靈言等的錄音帶。

只是不出五分鐘，他就在我面前睡著了。過去我曾經聽過「打瞌睡鼻子冒泡」這一詞，當時他就真的在我面前，不到五分鐘就睡著了。這代表著附著在他身上的靈性存在，不想讓他聆聽。即便我想要給他聆聽高級靈們的靈言，但他完全聽不下去。

實際狀況就是無法聆聽，所以對此要多加留意。

在觀看本會的講演會或電影時，應該也有出現相同狀況的人吧。當然，有一些是因為對內容完全沒有相關知識，進而難以加以理解。好比說，因為是小孩子所以無法理解，或是根本沒有相關知識所以完全不懂，不可否認存在著如此情形。

但是，並非是上述情形，而是在觀看本會的電影、講演會，或者是聆聽CD或DVD，出現自己完全不懂在說些什麼，或者是感覺到被某種東西遮蓋住的話，那就要留意「自己經常被某種靈性存在纏身」。

「如果你不堅決與其對戰，你未來前往的地方，就幾乎決定了」，對此要特別小心。此人在死後，將被帶到那般靈性存在的世界，並且在死前，此人的家人、身邊的人，很有可能會發生各式各樣的不幸。

透過「祈禱」和「祈願」來加以對應，並明白自己的分際

過去曾經有一段時期，人們會將罹患精神疾病的人帶到幸福科學的支部，請求支部長進行驅靈。但因為對手力量過於強大，反倒支部長被擊退，變成「無法對應」的狀態。我記得我曾對此說過不要過於勉強。

人的肉體就像一間房子，如果加以修繕之後，仍可以居住的話，那是另當別論。然而，如果此人的精神狀態，像是柱子已朽壞、窗戶破損、牆壁破洞，彷彿荒野中的破房子，變得已無法修繕的狀態的話，很

遺憾地，此人已被侵入肉體當中的其他靈魂徹底地控制。此人的靈體雖然還透過靈子線與肉體連結著，卻已經被趕出於肉體之外。並且，控制著此人的其他靈魂，會肆意妄為，想做什麼就做什麼。

譬如，在家庭當中會胡亂地使用暴力，變得完全拿此人沒辦法，這已經是變成了另一個人格。如此狀態，就是此人的靈魂已飄離出肉體，被其他狂暴的靈進入了身體當中。

即便如此，還是有能加以拯救的可能，只是到了這種程度的狀況，如果跟此人說關於真理的內容，對方經常就會變得暴怒起來。好比亂丟東西等等，甚至有些時候還會拿起菜刀，口語喃喃說著「我要把你殺了」的話語。

很遺憾地，此人之所以會積累到這種程度，應該是有其理由，但若是超過了一定的程度，最後就只能用祈禱的方法了。因為即便在現實當中想加以應對，也有可能會受到激烈抵抗，所以就只能透過祈禱，或者是去拜託比自己更有德、靈性層次更高的人。

譬如，即便是遠距離，「祈願」也是能起到某種程度的效果，前往幸福科學的精舍等地，拜託代為祈願，即便當事人不知情，亦有可能驅除那附身在此人身上的靈魂。

有些時候就是必須透過這種，當事人不知情的方式進行。如果直接在面前舉行驅靈儀式，此人會變得暴躁起來，而且這一類人，通常沒有辦法跨進本會的支部或精舍的玄關。

就像這樣，這在某種程度上和靈力是有所關聯，終究必須認識到自己能夠處理和無法處理之事，關於無法處理的部分，必須要知自己的分際，並且認識到自己還需要更加地修行。

與看似怪異的宗教及靈性現象保持距離

我自己會降下靈言，有時也會讓靈魂進入到其他的靈媒身上，若屆時靈媒的修行不足，降下的靈魂比較強的話，就有可能無法使其從身體離開。如果是讓惡靈或惡魔進入體內，最後卻無法使其離開的話，那就很恐怖了。

因此，不可以太高興於可以將靈移來移去。這是必須斟酌雙方力量才能進行。

特別是，若是為了解決這種狀況，進而跑到各種宗廟，常常反而情形會變得更嚴重。

那是因為有時那些並非是正確的宗教，或者那些地方的靈能者已經是被「更大的惡性靈魂」附身的狀況。因為那些人是被類似大惡魔的東西附身，到了那些地方，那些小惡魔或惡靈等級的東西，一時之間會看似被去除掉。

然而，若是看似怪異的地方，終究還是保持距離比較好。

本章以「宗教的祕密世界」為題，論述了諸多內容。雖然有許多是入門知識，但希望能成為各位的參考。

第二章

論靈障者的康復

——病毒感染與附身的祕密

1 病毒感染與疾病的靈性眞相

學校沒教但「作為人必須要瞭解之事」

本章雖然是講述基礎的內容，但卻是一個與宗教有關之人無法逃避的課題。

這個內容，雖是活在世間之人必須瞭解之事，但在學校教育、學問研究或科學領域中都未曾被講述。

人宿於肉體於世間生活時，會因為受到了肉體之外的「靈性存在」等作用影響，進而自己也會發生變化。人自己亦是進入肉體當中的靈體，一方面受到外在因素影響，一方面又活於作用與反作用的法則當中。

並且，在那些作用的影響下，人若是出現了一定的傾向性，人生態度必定會出現某種扭曲，進而使得與那扭曲的人生觀、傾向性相契合的靈性存在，就會集中出現。

這明明是很簡單的道理，但很遺憾地，仍有人對此一無所知。如果能盡早在家庭教育或學校教育中，將如此道理教導給人們就好了，然而事與願違，也很少人來到宗教當中學習，實在令人感到非常遺憾。

病毒感染是一種附身現象

若是使用「靈障」一詞就會變得複雜，所以我打算簡單地說明。

用最近發生的事來舉例，現今新冠病毒廣佈於全世界。截至本章說法當下，全世界有數十萬人的感染者，我想感染人數肯定會突破百萬，甚至幾百萬。估計死者也會高達幾十萬人，甚至更多。

然而，即使感染了新冠病毒，若是具備著普通的體力，也有人能夠康復；若感染情況嚴重，引發了肺炎，則會有人因此死亡。即便死亡率因各國比例不同，但與流感重症相比，似乎並沒有巨大差異。

並且，觀察幾個案例，可以確定流感是某種類型的「附身」。

這多見於天氣變寒冷的季節，突然地大降溫，大量的昆蟲因此死亡，進而出現非常多的不成佛靈。這些蟲類的不成佛靈會形成集團，像肥皂泡泡一樣，湧現於地表、原野、林間，或大街上，心有不甘地飄來飄去。當人們走在街上時，有的人會被附身，有的人則不會。

被這類集合靈般的東西附身之後，此人會成為宿主，就像將自己居住的地方出借給他人，漸漸地就變成了一種集合靈與此人「同居」的狀態。如此一來，此人身體逐漸會被侵蝕，集合靈擴散到全身，情況惡化的話即會導致死亡。

就像這樣，哪怕是一般看來沒有意志的小東西，一旦變成集合靈開始行動，就會讓人生病。

靈性影響有時會導致人生病或身體不適

若以流感為例，特別是惡性流感，在細菌、病毒等的集合靈當中，存在著作為中心靈的人類靈。

感染了流感之後，此人未必會因此身故。在醫院當中，有些人會因為其他疾病或意外身故，進而使其靈魂陷入迷惘之中。並且，寄宿在此人身上的病毒、細菌、蟲類的靈魂，也跟此人一樣，有著想要「附身在他人身上，進而能夠復活」的欲望。

被這類存在附身之後，有時就會發高燒，並且出現和在病院身故之人完全相同的症狀。對此如果能夠加以戰勝克服，過了大約一週之後，那些靈性存在即會漸漸地離開。

當然，之所以會被附身，經常是因為此人的體力變弱的關係。雖然據說今後日本的新冠病毒感染者還會逐漸增多，但是至少現今因新冠病毒而身故的人數，與因為交通事故而身故的人數相比還要少上許多。即便到處都存在著病毒，但我想「有人會罹患，也有人不會罹患」。

換言之，那就和附身的原理相同，如果能創造出不被附身的條件，就算那些東西想要附身過來，最後也會反彈而出。

那就像是塗上了油的東西，會將水隔離的道理。因此，即便有病毒存在，但那並非一定會造成疾病。請認識到，那些病毒是一年到頭四處存在，多不勝數。

靈障也會讓人出現那般疾病的狀況，或是會讓人感到身體不適。如果身體某個特殊部位感到不適，就算去看醫生，經常醫生會說「醫學尚未有解答」。不管問什麼，得到的答案多半是「原因不明，還不清楚」，沒有什麼治療方法。雖然在醫學上正拚命地想統計出「罹患那般疾病之人，有著何種共通點」，但大多找不出發生的原因。

在那些眾多無法找出原因的疾病當中，終究有很多是因為受到了靈性影響。

死後墮入畜生道，變成動物之姿的人們

在那離開世間的靈界當中，人類以外的動物，也是作為靈魂，生存

於其中。

此外，對於現代人來說應該非常難以理解，就像芥川龍之介的小說《杜子春》當中出現的雙親一樣，有人在死後會墮入畜生道，變成像是牛或馬的樣子。

各種動物都有著各種特性，如果此人在生前的人生態度，很類似於某種動物的特色的話，死後此人就會墮入地獄，並前往那被稱為「畜生道」的地方，變成那種動物的樣子。

並且，若是長久下來都維持著那種姿態的話，常常就會忘掉自己本來是人，見到自己的樣子，就認為「這個就是自己」。

這實在很令人感到悲哀，但就如同後代的佛教當中所說「一念三千」，人心真的是一念三千，人的念頭有著三千種的呈現方式。

其實並非只有佛教這麼說，在柏拉圖所寫的《國家》一書，記載著他的老師蘇格拉底的話語，「人的靈魂，也會轉變為各種動物的樣貌」。

此外，書中還寫著「既有人變成象徵潔癖的天鵝之姿，也有人變成其他猛獸的樣子。回到了那個世界，去的洞穴各有不同，但進到了某個洞穴，就會變成那個模樣」，這也是被稱為西方哲學的內容。

就像這樣，只要是高度的靈能者，就能知道實際狀況為何。

自己是否有著狐狸、蛇等動物的特性

死後，靈魂變成動物樣貌之人，其各自的樣貌，都反映出了某種「靈魂的表象」。

譬如，獅子象徵著勇氣。而喜歡騙人、擅於花言巧語、說謊話、愛打馬虎眼的人，就會變成狐狸的樣子。又或者，喜歡偷偷摸摸、東躲西藏的人，死後靈魂就會變成老鼠那樣。

而一旦有人靠近而來，其話語就會變得像是「針」一樣地扎向對方，此人死後靈魂就會變成類似豪豬的動物。

也有人的性格就像喜歡群食腐肉的鬣狗，雖然情景讓人不太舒服，荒野中動物或人死了以後，一定就會出現一群不知從何處而來的鬣狗或禿鷲。只要出現一隻鬣狗或禿鷲，過不了多久，其他同類就會成群地分食死屍。就是有一些像這樣的動物，對腐敗的臭味十分敏感。

此外，比較常見會附身在人身上的是蛇靈。蛇作為動物的一種，現今也大量存在於自然界中。然而，也有很多人在死後墮入畜生道，變成蛇的樣子。

蛇的特徵一目了然，猙獰兇惡、執念深重、色欲強烈、記恨並多猜忌。若是一個人有著如此強烈特徵，那麼此人死後就容易變成蛇。

在男女情感的三角關係中，各種感情糾纏不清時，牽涉於其中之人有時候會看起來像蛇，也有時候會因此引來蛇靈。

當然，還有變成其他動物的可能性，亦有象徵食欲的動物等等。因此，反省自己到底是不是靈障時，可以去動物園或者是看看動物圖鑑，想一想自己的性格是否和哪一種動物相似。

既有個性溫和的動物，亦有令人感到厭惡的動物。請試著想想，自己是否有著那般動物的特質。

方才有提到蛇，若是被蛇附身的話，有時此人會罹患痛風等疾病。以靈視去觀察說著「下半身感到冰冷」、「腳步疼痛」、「無法走路」的人，並試著將神佛之光投射於此人之時，有時就會發現蛇靈附身在此人身上。

此外，有時人還會被狐靈附身。自己認為或許是罹患了「四十肩、五十肩」，但有時是狐靈附身在肩膀或後腦勺，進而出現那般症狀。

因為動物靈的影響，有時會讓家人遭遇不幸

雖說動物比昆蟲稍微高等一些，但是很多動物對死後的世界完全不瞭解。

很多動物雖然還想進食，繼續活在這個世界上，卻因為寒冬斷糧而死。現代文明社會中，很多動物是遭遇被車輾過之類的事故而死。

此外，也有被人襲擊的動物。曾經常聽說，因為缺乏食物而踏入村里的熊變得越來越多，進而當地政府讓獵人狙擊高達五千頭熊的例子。

對於熊來說，尋找食物是理所應當的，牠們不能理解自己被殺的

原因，自然也就無法立刻回到靈界。雖說都是熊，但有母熊、公熊和小熊，若是為了家族尋找食物而被殺死，變成不成佛靈也不意外。

此外，還有猴子或山豬也會為了食物而進到人類的聚落。

還有，作為家畜被飼養，之後被食用的動物，在死後也可能變成不成佛靈的集團。

在這層意義上，我認為那些飼養家畜，將其作為肉品出售的養殖業者等，有時還是多少進行一些慰靈儀式會比較好。宰殺過多的動物，有時家人容易遭遇不幸，這一點必須多加注意。

或者是在神社、宮廟之處，常常會舉行各種驅邪、祈禱的儀式，經常會聽說「那些住持或神職人員的家人，常常因為事故而死，或者是出現身心障礙者，要不就是罹患不可思議的疾病」。

或許是因為他們雖然為他人舉行各式各樣的祈禱或祈願，但相對應的力量不足，導致承受了過於「沉重」的意念，以至於讓他們的家人遭受影響。

2 在工作或學習上若超越自己的負荷即會招來靈障

超過自己的負荷，生活、工作、人格等即會崩潰

因為肉眼無法看見靈性之物，所以人們容易用唯物論去思考，只考慮唯物方面的因素，但實際上，被物質之外的東西影響的情況不勝枚舉。

特別是，從我當上班族時期的經驗來看，超過五成以上的人，身上都帶著某種附身靈。

的確，尖峰時段的擁擠電車中，其靈性狀態非常地嚴峻。在公司

裡，若是有獨立辦公桌的地方，情況還稍微好一些。但是像日式辦公室那樣，桌子緊緊相連在一起的話，附在其他人身上的靈，就會對身邊的人搗亂，要說嚴重也是很嚴重。

就像這樣，人會遭受到靈性存在的影響。

並且，一個人越是變得靈性，其感受程度就會變得越是明顯。而靈性感受程度越高的人，若是發生了超出此人的「負荷」、「能夠承受的限度」的情形，就會出現危險的現象。

「因為超過了自己的負荷，每天日常生活變得崩潰，或者是工作崩潰、人格崩潰」，我看過眾多如此情形。特別是，關於靈性方面的事物，無法逃避「超出負荷」的問題，對此必須要特別留意。

若是超出了負荷，就必須冷靜地制定對策

就算沒有做任何壞事，只是普普通通地過日子，也會出現「超過負荷」的情形。比方說，當自己無法背負的沉重工作，突然被丟到自己面前的時候。此時，此人會變得十分煩惱、勞心，進而會埋怨他人或環境，或出現「這是某人的陰謀」、「是惡劣的作法」等想法。

或者是有著公司的同事所不知道的家庭問題。比方說，和妻子之間有問題，或是生了孩子，因為夜裡必須照顧孩子無法睡覺，或因家務繁重而爭吵不斷等各種原因。

就像這樣，對於發生「超出負荷」的情況，需要客觀冷靜地審視自己的工作，並且制定可能的對策，事先做好準備，這一點非常重要。

然而，若是自認為無論如何都做不到，那麼首先最重要的就是「扔

掉完美主義」。若是過度地認為「凡事必須完美」，就會因為「超出負荷」，被沉重的負擔壓垮崩潰。

到什麼程度會使人崩潰，這一點因人而異。

譬如，構成本章內容的這次說法，其實並沒有到講演的程度，但即便是講述如此程度的內容，對一些人來說就已經是「超出負荷」。若被要求「請就『靈障者的康復』一題，準備一個小時的演說」，有些人會馬上變得緊繃，瞬間變成靈障狀態，進而就只能以「我現在這個狀況就是靈障，我到底要如何才能康復」的內容進行講演了。

一旦超出負荷，人就一定會為自己找藉口

就像這樣，「超出負荷」短時間內就會發生。

「因為沒準備所以沒辦法講演」、「腦袋空空無法講演」、「沒有經驗無法講演」、「本來就不具有那般靈能力，無法講演」、「準備的時間不夠充裕，無法講演」等，理由可以有各式各樣。這就像學校的考試一樣，有些人一旦覺得題目太難，就會慌亂得無法作答，害怕得到的成績不如所求。有些人在面對學校的測驗或大考時，會發生「超出負荷」而無法考試的情況。

面對這種情況，既有敗得體無完膚而崩潰的敗犬類型，也有選擇先行避戰的類型。為了讓自己可以迴避面對那些問題，人們一定會找出一些藉口。

因此，這世間當中恐怕有很多「被當作已經過世的爺爺或奶奶」吧。「奶奶突然心臟病發作，病倒了」，或者「爺爺去世了」，抑或是「現在我父親發生了交通事故」，有很多人會像這樣去找各種理由，為自己的無法完成編織藉口。

一旦超出了自己的負荷，但那又是必須認真面對的問題的話，那就好比「膽小鬼比賽」中，「正面相撞之前，先躲開的人就輸了」是相同的道理，有些人因為不希望正面相撞，所以會先為自己編織避免相撞的理由，以轉移焦點。

譬如在讀書學習上，「因為家裡比較窮，沒錢讓我去上補習班，所以我就落榜了」，或者「好學校倒是有，但就是離家太遠了，所以沒去讀」，又或是「因為沒有錢，所以去不成」，類似的理由要多少有多少。然而，當一個人開始找藉口的時候，基本上就是已經逼近此人的負荷上限。

這並非只適用於讀書，在運動上也是相同的情形。

日本每年四月份新學年開始時，國一生和高一生入學後，如果進入運動社團，通常四月會過得很辛苦。新學期最初的第一個月會很難熬，大多身體會變得痠痛。此外，社團大多不允許新生做有難度的動作，只能進行基礎訓練。像是不停地奔跑，進了劍道社就只能持續練習空揮，進了棒球隊則是不停練習投球等，這一個月，身體就會處於「實在是痛到不行」的狀態。

就像這樣，剛開始會非常辛苦，因此有很多人堅持不住。不過一旦熬過這個階段，身體多少能獲得強化，耐力也會提升，進而能進入下一個階段的應用練習。

我也曾修習劍道，當時進入六月後提出退社的人最多。那時天氣開始變熱，濕度也變高，穿著厚重的劍道服、戴著護具、穿著袴練習，全身都會濕透。這種不適感會讓人感到非常難過，所以六月時要退出的人最多。就是有著這樣的一個時期。

既有著因為炎熱而舉白旗的人，也有遇上大型比賽就一定生病或受傷的人。或許在某種意義上，此人是為了想保護自己吧！只不過必須要想一想，自己想保護的東西到底是什麼呢？

對照「平均值的法則」，客觀地看待自己和世界

所謂「平均值的法則」，即是指「一般來說，人若這麼做，就會有何種結果」的法則，對此必須要總是謹記在心。

一個平時連稍微慢跑都不做的人，突然去參加馬拉松大賽，長跑四十二公里的話，恐怕會引發攸關生死的問題吧！一個平時連散步的習慣都沒有的人，突然說要登山，身體肯定吃不消吧！

或者是游泳，有很多人不會游泳，其中有些人是因為「對水感到恐

懼」。對這樣的人來說，若是經歷一次考驗，可能就變得會游泳了，但最艱難的，還是最初跳進水裡的時候。

此外，有些人因為某些失敗而導致心理創傷，以後再面對同樣的情況時，就會一而再、再而三地發生事前逃避的現象。

譬如，與未來的結婚對象正交往著，卻在訂婚或者結婚前夕，因為一些事情使得婚事泡湯，這種情形對一般人而言一定會感到受傷。對於非常純情、癡情的人來說，就算幾年後遇上另一個對象，且一切進展順利，只要一旦相似的狀況又再度出現時，此人就又會開始崩潰。

如果這個女孩和前男友分手的那天下著雨，在跟新對象約會時，她就會想「又下起雨來了，也許跟此人也會走不下去吧」；如果之前有過「電影約會之後感情就告終」的經歷，這次她就會想「啊，又是電影約會，或許這段感情也不行了吧」；又或者是「對方問我吃不吃法國菜，這是分手的前兆」。就像這樣，當一個人的心受了傷，一旦出現相似的情景，就會開始逃避，從內心開始崩潰。

形式雖然各不相同，但類似的狀況還有很多。然而，我想對這些身於其中的人們說：「世界當中有著各式各樣的人，當其他人遇到同樣的事情的時候，都是如何面對的呢？請好好地觀察一下。」

世間當中的人，每一個人都是成功的嗎？沒有遭遇到什麼失敗嗎？或者，什麼樣的人會在什麼樣的狀況下失敗呢？如果可能，希望各位能夠訓練自己客觀進行觀察。

為了減少「超出負荷」的次數，可先將問題「細分化」

此外，工作、學習、戀愛等方面也是這樣，當一個人超出自己可負擔的範圍，即將要開始崩潰時，首先重要的是要瞭解自己的上限為何，要認識到「一旦超越了那上限就會變得危險」，進而去思考如何減少「超過負荷」的次數。

其中一個方法就是「細分化法則」。若試圖一口氣把工作全都做完、做好，終究是很費力的。

挖山洞的時候，若打算一口氣「今天就要打穿山洞，鑿出隧道鋪設道路」，那需要極大的力量，實際上很難辦到。但如果預估「在此處鑿穿一個山洞，需要花費三十天」的話，就事前要規劃三十天左右的工程時間，並且將每日的工作細分到「每天要挖掘多少公尺」。

「除雪」也是同樣的道理。屋簷上累積了一公尺的雪，即便想一口氣把積雪全都剷掉，也是辦不到的。甚至還有人在鏟雪時，從屋頂摔下來。這種情形，只能把積雪切成好幾部分，從屋頂推落下來。想要一口氣全都鏟掉，那是辦不到的。

「學習」也是一樣的道理，一下子想要解答出所有的習題是不可能的，必須一步一步循序漸進，就像砌牆一樣，一個磚塊、一個磚塊地堆積起來，漸漸地自己就變得能解答習題。不過，對於習慣到最後關頭才打算開始行動的人，那就很頭痛了。

有很多人會炫耀「時間不夠，所以我變身成為『超人』，只努力複習了一天就考過了」，或者「只稍微讀了一下就考上了」、「猜對答案就過關了」，但我不是很喜歡那種做法。畢竟，不可能每次都能猜對答案，也不可能每次臨陣磨槍都能成功。

當然，偶爾一次也許會成功。「碰巧自己讀過的內容出現在考題當中」的情況確實存在，可是人生之中能有幾次這種偶然，還是不要過度依賴為好。

基本上，我在學習上是一個不會猜題的人。「無論從哪出題都能夠回答」才是我的風格，所以遇到不會的題目，我只會認為「不會就是不會，沒辦法」。

考試的時候，不要猜題也不要臨時抱佛腳

以前我曾說過，過去我曾真的猜對過一次考題。

那是理組的選修科目「生物」，我剛好讀了參考書上「重點整理」中，兩題左右非常困難的題目。剛好就在就在駿台補習班所舉行的全國

模擬考試的考題中，就出現了相同的問題，因為我考試前正好有讀過，所以就能順利地解答。因此，我在「生物」這一科，拿到了「全國第一名」的成績。

但是，不可總是指望這種偶然。一旦「猜對了一次考題」，就意味著正式考試的時候，無法再次成功猜題，這是很危險的。因為當好運用完，正式考試的時候就無法猜中，所以「在模擬考中猜對考題」是沒什麼好事的。

那時候，我只覺得很不可思議，愣愣地心想：「為什麼會拿到滿分呢？」

考前我並未充分複習，只是偶然看到這兩道題目，竟然都成為了考題，而讓我拿了滿分。在報考東京大學的八千數百個文科生中，一下就變成了「第一」，「要是在數學考了滿分倒是滿帥氣的，但在生物拿到第一又能怎樣」，當時我是這麼想的。

雖然在正式大考前，因此變成了該科目的「第一名」，讓我心裡也有得意之處，但是通常這種好運在真正考試時就不管用了，所以我當時非常謹慎：「正式考試時就沒這種好運氣了，所以要格外警惕。」

因為不夠用功，才會出現偶爾猜對題的情況，如果好好地事前複習，就不會出現這種情形。

過去我即發生了上述的情形。

但不管怎麼說，還是有「超出負荷」的情況。

常常把「熬夜讀書」掛在嘴邊的人，雖然心裡想著「必須念書」，卻在行動上有所「逃避」。這種「逃避現象」非常普遍。

好比在期中考試越來越靠近時，有些學生雖然想著「再不用功，就趕不上在考前讀完了」，但一有朋友邀約出遊，此人就會變得玩興滿滿。問此人「一起打電動吧」，此人就會一起去玩了；問此人「有場很棒的演唱會，要不要一起去」，此人就飄飄然地一起去聽；當有人說「我發現了美食」、「有一家牛肉蓋飯的附餐很讚！一起去吃吧？」此人就會一起去吃。這其實是很普遍的現象。

或者，即使自己平時不是這樣的人，也會有「考試前一週，雖然知道必須認真學習，卻還是因為突然想看小說就看了」的情形吧！這也是常見的狀況。過去百年以來，人就有這種逃避模式。讀書的時間變得不夠，最後就只能拚命追趕。

希望各位能明白，「每個人多少都會有這般傾向」。

在認識如此前提下，再去思索「為了讓自己在真正上場時，壓力不至於過重，自己應該如何事先分階段準備、自己又應該如何在該取勝的地方取勝」。或者在面臨可能沒有勝算的局面時，事先預判「自己會因何種不足而失敗，並且要如何防止狀況演變為攸關生死的局面」。如果能以神的角度去俯瞰全局，就能看出關鍵所在。

成為社會人士之後，要訓練自己能以恆定的速度工作

然而，觀察世間可以發現，非常多人，特別是社會人士，剛開始工作的人因為超出負荷，超出自己能容納的器量，進而出現靈障狀態。

有時候靈障狀態會出現於此人無法一次同時完成兩、三項工作的時候。又或者是出現在進行有截止期限的工作、讓人會非常緊張之事物的時候，好比「參加演講比賽」、「扮演舞台劇上的角色」等等。在這種時刻，會出現很多身心變得奇怪的例子。

在這層意義上，平日專心練習之後，「看看自己平均有多少實力，

自己有多少可能性」就變得很重要。或者是，像是職業棒球選手一樣，「知道自己一年的平均打擊率有多少，即便這段期間出現了某種程度的低潮，但一整年下來，終究能達到幾成的打擊率」，客觀地看待自己非常重要。

此外，若是抱持著「自滿之心」，對於那些自己根本辦不到的事，光會說大話「自己沒問題」、「小事一樁」，結果卻變成吹破牛皮、臨陣脫逃，造成他人莫大的困擾。

實際上，與煩惱進行對決，自己踏實地努力是再好不過的事，但就是有人總是找人諮詢煩惱的內容。「到這裡諮詢煩惱、到那裡諮詢煩惱」，到處地跑來跑去，最後就僅是把時間用在諮詢煩惱上。不僅如此，從早到晚找人講話，不僅自己的煩惱沒有解決，反而還會讓他人陷入煩惱。

與其如此，不如一點一點練習，吸收基礎知識、反覆學習、背誦台詞，或者是學學他人是如何把圖畫好，方法可是各式各樣。先把時間一點一點地用在有意義之處，為了讓自己至少向前一步而努力是很重要的。

譬如，即便是我，假設一年要出版一百本書，如果被要求「請一口氣寫下一百本書」，那也是辦不到的。

或者，即便被要求「沒辦法一口氣寫下一百書嗎？那麼，姑且一個月以寫下十本書為目標，最少也要八本」，一個月得寫出八本或十本，終究也是很嗆人的。

但是，如果你能夠每日、每週、每月，以差不多的速度，一點一點地前進的話，練習以恆定的速度工作的話，過了一年之後，就會端出程度大致相同的成績了。

就像這樣，一方面訓練自己，一方面觀察自己的「平均打擊率」，不要追求完美主義，為了獲得成果，也要努力往前邁進。

評估「最終有多少勝算」非常重要

基本上，「煩惱」、「痛苦」、「迷惘」等是變成靈障的原因，那般煩惱、迷惘，有時會吸引死後陷入迷惑的地獄靈、動物靈等各種靈性存在。

因此，就像前文所述，徹底地思索「是否能夠將問題細分化」、「是否能透過努力達成」，若是判斷無法達成，「承認那已超過自己能力的極限」也很重要。

如果認識到「自己的極限是何種程度」，那麼就必須改變自己的想法，好比「自己能做到這種程度，但超過了這程度就會出現勉強的情形。若是無論如何都得完成的話，自己必須『改變作法』，或者『改變最終目標』、『降低難度』、『投入更有能力的人手』、『必須適時地充電』」。

若是人一直持續不斷地感到壓力的話，「人格崩壞」的現象就真的會出現。就像弗洛伊德所說的，如果孩童時期一直感受到壓力的話，那會變成幼兒的自卑感，即便變成了大人，仍舊是無法從如此自卑感當中脫離出來。

此外，即便變成了大人，也仍舊會因失敗經驗而有著心理創傷，因此，客觀地認識到自己的實力何在，並且了解到他人的戰力又是如何，亦是很重要的事。

不論在做任何工作的時候，事前評估「最終有多少勝算」是非常重要的。

譬如，假如參加一場一萬人參加的馬拉松大賽，獲得第一名的勝率，一般來說應該是一萬分之一吧！如果是「自己比一般人跑得還要快」的話，那就有很高的可能性能跑進前五千名。而如果自己是被邀請而來的選手，那麼應該就有更高的可能性能跑進前幾名。然而，即便是已到了職業的等級，當天身體狀況的各種調整，還是會影響最後的成績，亦是有著各種困難之處。

就像這樣，必須客觀地看待自己的平均值，並且透過「細分化的原理」，盡可能地避免「超出負荷，進而出局」的局面。

對此若是不小心謹慎，靈障是不會停止的。

3 爲了避免陷入靈障，必須「自我鑽研」

若陷入重度靈障，將會逐漸無法控制自己的身體

靈障就像屋頂的積雪，越來越重的話，最後就會「壓垮房屋」。如果房子被壓壞，就不適合作為住處了。就靈魂來說，就像是無法再住在肉體當中的狀態。那就好比靈魂連接著靈子線，呈現游離狀態進進出出自己的肉體，在那期間，其它靈魂就會趁機佔據肉體。

一旦演變成如此情形，就非常棘手了。

終究，當事人的靈魂，對於肉體必須有著最強的力量，但若是樑柱斷了、窗戶破了、屋頂上破了大洞、房屋的功能被破壞了，作為「靈魂

的住所」便變得不及格了。當事人靈魂與肉體僅是以靈子線連接著，若是同時其他靈魂也能恣意地進出這個肉體的話，此人就會變得難以掌控自己的肉體。

屆時，就會變得不知道到底是誰在這個肉體當中講話，講的東西又是什麼。

跟此人講話之時，如果處於「聽話的人不是此人，而是另一個人」的狀態的話，就會經常發生此人說「我沒有記憶，我沒印象有做過那些事」的情形。此人會經常說著「我沒聽過那些事，也沒印象有做過那些事，但大家都說『我有做過』，這世間真是奇怪」。

如此狀態在醫學上解釋為「解離症」。當事人可能衝動地殺人，但殺人的當下，在身體當中的不是當事人的靈魂，好比是殺人魔的靈魂進到了肉體，刺殺對方的瞬間，當事人的靈魂不在身體當中。

也因為如此，當事人會說著明明自己沒有印象，卻被他人指出自己殺了人，真的是不知該如何回應。

若是「靈聽」等無法停止，就無法讀書或工作

此外，還有一點，若是變成了靈性體質，有時候會出現「靈聽」現象，也就有時耳朵會聽到各種靈的聲音。這種靈聽無法中斷，即使堵住耳朵也無濟於事，在各種情況下，都有可能不由自主地聽到靈的聲音。

對此若是無法控制，那麼工作也無法做，若是學生的話，就無法在學校學習。太多的聲音湧來，就連考試的時候，也會聽到聲音。在這種無法控制的情況下，人往往會崩潰。

最後，我想有人會戴上耳機，二十四小時播放《正心法語》的聲

音，這實在是一個惱人的問題。

就像這樣，的確是存在著「能聽到靈的聲音」的情形。

或者是，也有人「總是能看見幽靈」，這也很折磨人。一般來說，聽不見、看不見那些的人是很幸福的，但這也是人們失去信仰心的理由之一。只是，能夠看見那麼多東西，實在是很讓人困擾的事。

雖然真的有靈前來，而且此人也確實看見了，但還有另一種情形是此人的恐懼心作祟，自己看到了各種恐怖的東西，這屬於一種近似妄想的狀態。恐懼之心會製造出種種幻影，就像自己真的看見了一樣。

這是一種完全喪失了「平靜心」的狀態。就算能看見、聽見，但一般來說，這是一種會被送入精神病院的狀態。

過正常規律的生活，鍛鍊身體、知性、理性與意志力

那麼，為了避免發生那種情形，應該怎麼做呢？

「盡可能地度過正常規律的生活」，終究是非常重要的。

此外，還要「定期地鍛鍊身體」，不可以怠慢於鍛鍊身體。就算是馬，若不練習奔跑，就會變得無法奔跑。因此，人也必須要鍛鍊身體。

還有，若是行程過於緊湊，適時休息也很重要。「時而休息」非常地重要。

如同先前所述，有些人能常常聽到靈的聲音，看到妄想的畫面，感覺身處的世間「有些模糊」，自己也搞不清楚到底發生了什麼事，對於這種人，終究「鍛鍊知性與理性」是非常地重要。

鍛鍊「知性、理性」，再加上鍛鍊「意志力」也很重要。這些是無

法一下子變強的，但每天加以訓練的話，就會變強。

因為我閱讀著大量的書籍，因此有人會說「你讀了那麼多書，所以那些靈言什麼的都是杜撰的吧」。但是，說著這些話的人，終究是不理解日語諺語所說「空的袋子是無法立起來的」之道理。

如果有人認為「即便內在空空如也，反正是靈在說話，那也行得通」，那麼不久之後，這個人就會被靈玩弄於股掌之間，失去了自我意識，最後搞不清楚自己在做些什麼。

因此，當各式各樣的靈前來之時，終究自己必須要有著內涵，或者是心中的平衡器要能夠發揮作用。

人的想法，要有多少就有多少，事前知悉「人會有何種想法」，是非常重要的事。

瞭解「因果的理法」，重要的是要保持知性與理性

在如此基礎上，瞭解「因果的理法」也非常重要，也就是瞭解「在這種情況下，根據因果法則，事情會如何發展」。

這相當於「理性」，如果在基本的「知性」上，停留在迷信層面的話，就會全盤接受靈所說的話。不了解「因果的理法」的人，無法理性地思考，這種人就可能會做出令人難以想像的事。

譬如，此人會聽見靈的聲音對自己說「從樓頂跳下去就會覺得輕鬆了，可以回到天國」，或者「你就是天使，所以你從屋頂上跳下來，天使也會用翅膀接住你」之類的話。

在美國的精神科醫院當中，據說宣稱自己是「耶穌基督」的患者最多。也有患者提到其他名人的名字，但其中號稱自己是「耶穌轉世」的

人最多，實在是非常棘手。這些人會聽到靈跟他說「你就是耶穌」，進而深信不疑，這實在是非常危險且難以處理的問題。

可以理解當自己聽到了那些聲音，進而忍不住去相信，但至少也該瞭解一下耶穌究竟是怎樣的一個人。「耶穌是抱持著何種人生觀，有著什麼樣的想法，在《福音書》中又是被如何地描繪」，諸如此類之事，應該仔細瞭解為好。

充分知悉「如果是耶穌的話，在這種時候，應該會這麼做」是很重要的。

如果有人說著「這不用讀書、不用問人也知道啊！因為我就是耶穌啊！耶穌就該做耶穌的工作」，那就表示他不知道究竟是什麼跑進了那「空袋子」，或許是一隻「貓」鑽進去搗亂而已。

因此，當人有了靈能力之後，知性和理性反倒是變得非常的重要。

「開啟了靈能力」，就意味著感性、悟性是很高的意思，一般來說，若是知性、理性過強的話，就會變得沒有靈感，並且變得不相信、排斥靈性事物。

但若是自己變得能聽得到、看得到、感受得到各種靈性事物的話，就必須要經常地自我鑽研才行，讓自己成為一個有著更高見識之人，如果不這麼做的話，當自己的工作規模變大、影響力增加的時候，就很容易發生「超出自己能力範圍」、「超出負荷」的情形，屆時身心就會開始崩壞。

若僅是跟朋友開玩笑說著「自己聽到了靈的聲音，這個靈說了這樣的內容」的話，那還沒什麼問題。或是一個演員在後台跟人家說著「有時自己能看見小矮人」、「去旅遊時拍的照片中出現了幽靈」，倒也沒什麼關係，但若是這些情形變成了常態化，跟工作全部混淆在一起的話，那就麻煩了。

總而言之，要是變成了那般靈性體質，若不同時提升自己的知性、理性，就無法徹底地保護自己。知性、理性的「防波堤」有可能會被沖壞，所以必須要加以強化才行。

然後，對照那知性、理性，對於那種「怎麼想都不符合因果法則的事物」，必須要乾脆地加以斬斷才行。

即便聽到了「若是從山上跳下來，天使就會來拯救你喔」的聲音，但就常識來說，那種說法一定來自於惡魔的耳語。

即便說著「自己是羅馬教皇，所以必須具備和耶穌一樣的力量」，而試圖走在游泳池的水面上，以證明自己的力量，但那一定會是立刻沉入水中。

終究還是必須要知道，自己和耶穌之間的差異何在。有時確實會有奇蹟發生，但是對於奇蹟，也必須用冷靜的態度加以看待。

持續學習的態度，即能避免被靈蠱惑

除此之外，各位還必須留意以下的內容。

若是對靈性有所覺醒，對於靈性事物的感受度變得敏銳，容易受其影響的話，就容易被各式各樣的靈魂綁架人格，因此為了讓自己的人格變得更為優秀，就真的必須要持續努力才行。

在話語上，不說出傷人的、惡劣的話語，努力使用良善的話語。

當然，使用了暴力之後，自我辯解為那是「神的制裁」，終究是說不過去的。

此外，有人會故意欺騙他人、對人扯謊、矇騙他人，更惡劣的人還會刻意地設陷阱，一步一步地讓人跌進去。這種人並非是臨時起意說謊，而是刻意地讓他人毀滅，讓人踏入陷阱。

或者是，有些人會結黨行騙，欺瞞那些「知性淺薄，有可趁之機」之人，聯手將對方逼入絕境。

世間當中有很多這種例子，終究希望各位在知性和理性上有著足夠的力量，去回擊那些人所設下的陷阱。

當然，有時神佛會出手拯救，但不可總是依靠神佛。

如果是自己的存在和行動所招引而來的現象，終究會反彈到自己身上，對此必須要變得更加堅強才行。

當靈道打開時，有些人會說「既然靈都那麼說了，那就包準沒錯了」，但是沒有那回事。本會出版了眾多佛法真理的書籍，終究希望各位能夠抱持持續學習的態度。

特別是，長久待在靈界當中地獄界或裏側世間當中的人，大多沒有做多少學習，因此持續學習的態度，能夠某種程度避免來自於他們的蠱惑。

他們的話語，並非是「完全地不對勁」，而是會微妙地偷換概念。譬如，「愛不是很重要嗎？所以，若是想要實踐施愛，那就去磨練如何誘惑對方的技巧，讓對方能夠變得對你死心踏地」。又或是說「酒精也是一個讓彼此關係變得緊密的媒介啊」，進而對他人勸酒。

此外，他們還會動不動就利用他人，說謊搞鬼，引入入甕，讓對方失去自信，使人認為「自己是個失敗之人」。

性格躁鬱的人，須努力保持理性，平穩心緒

另外，性格躁鬱，情緒定期地擺盪在「極端的虐待狀態」與想要自己欺負自己的「極端的受虐狀態」之間的人，很容易陷入靈障，外靈可以任意地出入於此人身體。如果心境的擺盪程度十分巨大的話，外靈很容易就能進到身體當中，所以「精神的安定」終究是非常重要。

然而，如果自己對此置之不理，認為「這樣無所謂」，那會變成怎麼樣呢？譬如，如果此人經常地攻擊他人，養成虐待他人的習性的話，那麼就會轉變為此人的性格。

此外，如果此人常常自己虐待自己，並且盡是搞事，以證明「自己真是個廢物」，並且「以此為樂」的話，就會演變成無可救藥的狀態。

因此，以下說的，或許對於變得十分靈性的人來說會感到厭惡，但

終究必須盡可能地從統計學的角度觀察，如果從男性、女性、年紀、學歷、經歷、家族結構來看，在這種時候，大多會如何加以看待，努力地抱持理性。

基本上，心境的擺盪程度激烈的人，終究是危險的，因此請盡可能地平穩自己的心緒。

4 「一顆明鏡之心」可以反彈詛咒

過於自負的孤狼，容易成為獵物

此外，一旦變成靈性體質，打開靈道的話，大多很難回到原本未開啟的狀態。因此，能夠保護自己的就是「學習佛法真理」、「信仰心」、「法友們」。

終究，「歸屬於一個有著相同信仰的夥伴們的團體」，真的是能夠保護自己的。須知，離群索居之人，很容易成為獵物。

世間當中很多媒體，都鄙視、看輕信仰，主張著「無法相信眼所不見之事」。此外，看到一群學習真理、有著信仰的人們，齊聚於教會、寺廟當中，就說「那些人都被洗腦了」，混淆大眾視聽。

然而，若能結交一同學習的夥伴，即能夠防止自己完全被魔侵犯。「讓此人落單、離群索居」是惡魔常用的方法之一，對此必須要多加小心才是。

之所以會離群索居，理由是因為此人「太過於覺得自己很偉大、太自負」。或者是喜歡說大話、愛說謊、太愛面子、太驕傲自大。

當然，有時候自己會得到他人的褒獎，譬如「很聰明」、「很漂亮」、「很帥氣」、「家世很好」、「很有錢」、「家很氣派」、「職業體面」、「名門之後」、「兒女優秀」等等。

的確，有些人在某方面有過人之處。若是因此過度自負，就會真的覺得「自己與他人不同」，沾沾自喜，進而容易被瞄準攻擊。

在這層意義上，保持謙虛，持續踏實努力非常重要。此外，即便偶爾有了好成績、得到大家的追捧，最好還是認為「那只是運氣好，不可能總是那麼好運」。

不可沉溺於昔日榮光，要擴大自己的責任範圍

關於這一點，我在大學入學考試時也曾被告誡過。在我入學的那一年，教授對我們說：「各位雖然合格入學了，但一年之後各位若再一次參加入學考試，能合格的不會超過兩成。」

他還說：「就是那麼一回事，你們不要以為考進來之後，就代表自己有了某種地位或身份。那或許只是你們念的東西，剛好可以應付考題，所以才合格。但一年之後你們再考一次，就會落榜。」

在這層意義上，或許自己參加考試的時候，是剛好會回答那些考

題，所以才得以考上。當然，對此可以抱持著自信，但不可以此為滿，之後謙虛地持續努力才重要。

沉溺昔日榮光的人，有時會「晚點才變成大人」。譬如，錯過了畢業、找工作的時期。這種人對於找工作拖延逃避，不想要決定自己要走哪一條路。或是一直靠父母，對於工作一延再延。

隨著年齡的增長，終究自己必須要有所成熟，自己必須自己照顧自己，甚至是對於自己以外的人，也必須要肩負起「責任」才行。對家庭擔起責任，對伴侶、孩子、父母、兄弟姐妹，也必須要負起責任才行。

此外，還要對公司的同事、部下擔負起責任，對於周遭鄰居擔負起責任，若是被賦予了各種社會責任，對此也要擔負起責任，必須要擴大自己的責任範圍才行。

為此，在一定的實力之上，持續踏實地累積努力，擴大自己的負荷上限，擴大自己的器量，是非常重要的。

「戒律」就像是防止跌下懸崖的柵欄

此外，若是好好地遵守古時候所流傳下來的各種「戒律」，做任何事就都會成功嗎？那也未必，因為那些戒律，僅是為了讓人們不要脫離常軌罷了。

譬如，有些宗教會禁止飲酒，那是因為有太多人因為喝酒而失敗。此外，也有「不可殺人」的戒律，終究人是不可以殺人的。然而，若是身處於軍隊當中，在那般立場上，有時必須要拿起武器。

再譬如，如果是警察的話，或許就會出現與犯人槍戰，進而擊斃了對方。若僅是殺了一個人還另當別論，但要是殺了好幾個人，即便被稱讚槍法很準，就不難明白此人為何會想要上教堂祈禱了。

因此，雖然有著各式各樣的戒律，但那些就像是柵欄一樣，防止人跌下懸崖。所以，請各位經常地意識到那些戒律，並思索在現今的立場上，自己該抱持何種人生態度。

對於生靈或式神，基本上可用「鏡子之法」將其反彈回去

此外，在靈性上，有時會遇到生靈。有些人還會刻意派出生靈作為手下來攻擊對方，進而讓他人的人生出現錯亂。有很多人會在遭受到他人的攻擊，或承受了他人的憎恨之念之後，進而遭遇失敗，對此不可不防。

原則上解決的方法就是將自己的心擦拭得像是一面鏡子，進而能將

那些攻擊反彈回去。然而，若是跟對方站在同一個擂台的話，雖然自己出的拳能夠打到對方，但也會吃到對方打來的拳，所以必須努力地不要跟對方站在同一個擂台。好好地擦拭鏡子，即能反彈那些攻擊。

有人會使用「生靈」或者是陰陽師所說的「式神」，來進行各式各樣的靈性攻擊，為此就必須習得反擊之術。

所謂的反擊之術，終究就是「和神佛合為一體之心」，以及抱持「如同平靜的湖面一般，像是擦拭得非常光亮的鏡子的心境」。

那面鏡子，會映照出對方像是惡魔一般的樣貌，或者是變成動物一樣攻擊過來的樣貌。那種醜陋樣貌，內心當中那種「想讓對方痛苦」、「想毀滅對方」、「想搞砸對方人生」的心態，會完全被映照出來，所以「以鏡子反彈回去」是基本的方法。

希望各位能磨練己心，使其變成一面鏡子。人們常常用「圓鏡」，來象徵天照大神。那是因為天照大神有一個「要創造如鏡子一般的心境」的教義。若是能夠抱持那般心境，即便遭受到各式各樣的誘惑，也能夠不受其影響。

若是在環境上，始終都會遭逢那般誘惑的話，自己就必須想辦法解決。終究要有人表達意見，或者是指摘出此人想法的錯誤之處。

但是基本上，以「鏡子之法」大多能加以回擊。

實際上，若是出現了各式各樣的攻擊之念、惡念，對此有時必須在理論上加以反駁、反擊。此外，有時這還會變成一種工作。除此之外的情形，必須避免被那般憎恨之念紮下了根，只要用「鏡子」加以反彈回去就好了。

這就是所謂的「自作自受」。將那股憎恨之念、猜疑之念，「想要殺了你、想要毀滅你」的詛咒話語等等，全都反彈回去是極為重要的。

5 身爲人不斷成長、提升實力

讓自己能經得起持久戰

以上論述了得以讓靈障者康復的內容，基本上，身為人不斷地成長，在真實的意義上進行自我實現的過程中，你的實力就會和他人開始出現差距。

並且，當和他人之間的實力有所差距時，有時就會不戰而勝。因此，不斷地提升自己的實力，基本上是非常重要的。

對於更大的局面，好比牽涉世間整體的事件、體制之時，有時會出現難憑一己之力加以克服的時候。但是，那般時期不會持續太久。

因此，在那局面消失之前，必須去思索「如何用盾牌保護好自己」，或者是「如何躲進『龜殼』當中保護好自己」。

譬如，即便發生了不景氣，但如此情形不會一直持續下去，在那過程當中，發揮創意、下足工夫、找出生存之道就變得很重要。

容易變靈障的人，大多都有著短暫思考便決定行動的傾向，但必須要讓自己也能夠經得起持久戰才行。

當自己在不知不覺間有所成長，變成了一個不是「空袋子」的時候，有時就會發現「攻擊自己的對手不見了」。

因此，必須反過來認為「自己的精進、成績尚且不足」、「德不足」，進而努力累積、提升。

前方之路沒有終點——持續盼望工作與人生能不斷前進

世間當中每件事情都有所謂的相容性，人際關係上會遇見跟自己非常不合的人，那也是沒有辦法的事。你沒有辦法被所有人關愛，就連講述愛的耶穌，也不會被所有人愛。終究在某個時間點會出現敵人。因此，那是沒辦法的事。

在價值觀的碰撞中，有時候會出現敵人。然而重要的是，要盡可能地度過誠實的人生，能夠加以反彈回去的，就加以反彈。

當然，既有能加以回擊之事，也有無法加以回擊之事。對照神心，對於那些「錯誤的行為」，清楚地指出「那是錯誤的」是很重要的。當各式各樣的生靈或惡靈來到我這裡時，既有著加以訓諭即能擊退的情形，也有著講不聽的情形。此時，我會從天上界降下電擊，予以擊退、趕走，也就是所謂的「電擊一閃」。

人生的前方之路沒有終點，的確會遇見各種困難，但持續盼望自己的工作、人生能不斷前進是非常重要的事。並且，不讓惡性行為的範圍超過一定程度，亦很重要。

本章論述了靈障者的康復。關於這問題，有時是「如何對應靈障者」，又有時會是「如何不讓自己出現靈障」。因此，各位必須思索在這兩種情形下，自己該如何應處。

我對照了自己自身的體驗，以一般的方式講述了我的想法。盼望其內容能成為各位未來的參考。

第三章

眞實驅魔師的條件

——驅魔的靈性祕儀

1 何謂驅魔師的本質

是否熟知「心的世界的祕密」將出現極大差異

與本章主題相關的教義，也收錄於《真正的驅魔師》（台灣幸福科學出版發行）一書當中。此外，我也曾以「The Real Exorcist」（真實驅魔師）為題，講述了英文法話，並以日英對照的方式，將內容出版成冊。另外，我也曾用英語講述過法話「How to Create the Spiritual Screen」（如何創造靈性結界），亦發行了日英對照本。

就像這樣，有眾多與驅魔相關的教義，雖然其中有重複的部分，但在此章我想講述更深入一點的內容。

然而，僅是用語言表達，終究有著難以傳達之處。有些事未曾親身體驗，終究是難以理解，或許這近似於「不立文字」的世界。我想對於明白的人而言，瞬間就能透澈，不過對不明白的人而言，即使花上再長時間說明也無法理解。

畢竟，從某種層面上來說，這是屬於修行的世界，或是說專家的世界，因此存在著能力或心境高低的問題。的確是有那種「即便在實戰中不拔劍而戰，光是看到對手就能知道對手實力」的情形。

特別是在與靈界之間的關係當中，知道內心抱持何種想法，即會與哪些靈性存在相通或相斥，是非常重要的事。

因此，心的世界是一個非常不可思議的世界。己心既能夠與裏側世界馬上相通，也能夠與寬廣無邊的大宇宙相通。

若知道「心的世界的祕密」的話，就真的會感覺到若是把心打開，即成為無限，若握住己心，即成一點，也就是「開則無限，握即一點」的感覺。

我自己已遂行這工作幾十年，但依舊有著不可思議的感覺。我雖然會閱讀有關於驅魔師方面的書籍，也會觀看那方面的影片，可是仍舊有很多內容是與實際感覺相差甚遠。雖然有部分內容很類似，但「透過想像所創造出來的內容」和「經過實際體驗而得知的內容」，這兩者之間終究有著很大的差異。

因此，無論我如何述說，還是會有一定程度無法完整傳達。對於聆聽之人來說，若沒有那般心境、經驗，或者是沒有那般確信的話，沒有辦法理解之人就是沒有辦法理解。

是否經常磨練惡魔所厭惡的特質

在幸福科學當中學習或修行，在某種程度上，會變得比較靈性、比較靈性體質。如果心境是良善的話，既可以和守護靈與指導靈進行對話，甚至也能夠驅除惡靈等，但這也取決於面對的是什麼樣的靈。

若此人尚未達到那般覺醒、覺悟，一般來說，位於更上層的大天使、大如來、神的存在不會降臨於此人身上。在那期間，即便修行還未到達那般水準，如果自我陶醉、傲慢等心情湧上心頭的話，此人便會認為自己是大神、大如來、大菩薩，以為可與這些存在相通。於是，降臨於此人的存在便會在不知不覺之間，被其他邪惡的存在所取代，進而此人即會被這般眼所不見的東西所操控。

世間諸多靈能者或小規模的宗教團體創辦者，其靈性程度皆是如此水準。

即便如此，「民主主義的原理」姑且還是發揮著作用。縱使他們透過商業手法吸引著人們，但人們大多能感覺到「這個地方是好是壞」，所以當靈能者或宗教團體被不好的東西附身了，人們大多會漸漸疏遠。也因為如此，這些宗教團體難以發展為更大的規模。

但是，也有一些組織是因為某些特殊原因、需求而形成。也就是說，有些人們為了求得利益，或者是盼望自己的罪過能得赦免，進而聚集為一個團體。

在那些地方被邪靈支配的人，經常對於眾人會有所影響。

對此，人們必須有所警戒。

追根究柢，所謂「真實驅魔師的條件」之前提在於，「被他人看到自己的真實樣貌，並且又看到了對方的真實樣貌時，兩者能否共存於同一個空間」。

譬如，你在工作中在接待室與對方會談，屆時如果彼此都能夠讀取彼此心境的話，你們能否還能持續維持關係嗎？如果你覺得「既然如此，就沒必要來往」，或者是「實在不想共處一室」、「不想要再碰到面」、「最好明天以後都不要再來」的話，那麼雙方就不會再碰面。現實就是如此。

因此，雖然驅魔師、降魔師有著各種不同的功能，但我認為驅魔師的本質，終究在於此人「是否能經常磨練惡魔所厭惡的特質」，這部分實在是很困難。

2 「人的生存條件」與「惡魔的攻擊條件」是不即不離的關係

進行斷食修行，容易與餓死的動物或人靈相通

然而，人為了在這三次元的物質世界當中生存、生活下去，有著一定的條件。任誰都無法迴避，每一個人都必定活於一定的條件之下。

比方說，人為了生存必須吃東西、喝水，也需要維持一定程度的人際關係。

此外，沒有經濟能力也無法在現代中生存。每人都希望能有居住的地方，好比大廈、公寓等等。

再者，人需要有著能夠持續工作的環境，也需要維持一個不會因疾病、身體障礙而無法工作的健康狀態。

就像這樣，唯有滿足了幾項條件之後，人才能在這世間適當地生存。只不過這些生存條件，亦是與「惡魔的攻擊條件」有著不即不離的關係。

譬如，有些宗教會經常進行斷食修行，但是實際上，倘若某人一個禮拜持續斷食，此人是難以呼喚高級靈並與其進行對話的。在這種狀態下，此人的思緒大概都是集中在食物，所以實際上，此人會比較容易吸引與那般心境相通的東西。

有非常多動物處在那般心境。在山上或森林裡，冬季會出現大量因飢餓而死去的動物。他們經歷了缺乏食物而死去的恐懼，所以擁有相同心境之人，會吸引這些動物靈。

此外，有許多人們也經歷過那般狀態。比如，很多人在戰爭當中因缺乏食糧而死去。處於這般狀態的人的心念，並非那麼容易消除。

當然，若是在某種程度，此人已知道真理的世界存在，並明白自己將死，我想那般痛苦的狀態並不會持續太久。但是，如果是一個在死後仍不知道自己為何會死的人，那麼在世間進行斷食修行的人，就容易與這樣的人相通。

特別是山岳修行，像是進行回峰行或籠山行的人，很容易與過去曾進行相同修行而死亡的人意念相通。然而，此人起初會認為他們所聽到的是神、如來、佛的聲音。當某件事物極端缺乏，人的思緒容易朝那方向固定化，所以必須多加留意。我認為釋尊所講述的「中道」，應該就是他透過自身經驗所講述的教義。

「真實驅魔師的條件」和經濟狀態之間的關係

許多宗教擁有很長的歷史，而大多數宗教也都講述著「清貧的思想」。

我並非是反對那般思想。我認為，在修行時期抱持著某種程度的清貧思想也無妨。

現今有眾多人們將階級社會或貧困視為一個問題，確實客觀來說，在青少年時代若經歷了極度貧困或物資不足，往往比較容易被捲入犯罪的世界中。此外，這些人往往會羨慕富裕之人，所以追求一定程度的經濟穩定，還是有其重要性。

即便是犯罪的行為，終究人們會因為「匱乏」，而認同犯罪的做法。走在東京的街道，會發現各地都滿溢著各種物質，所以一個沒能吃飯或缺錢的人，會覺得「從富裕的人們偷走一點東西沒什麼大不了」。我可以理解那般心態，實際上，也有很多肯定這般想法的電影或電視劇，所以要解決這個問題不是那麼簡單。

不論怎麼說，都必須知道那並非是天國般的心境。

反之，人若身處於充滿金錢的地方，譬如「父母親很成功」、「很富裕」、「祖先是代代相傳的地主」、「家族是財閥」，那也很容易使人墮落。

人若是從小時候就生活在物質不餘匱乏的環境中，會比較容易墮落，也會逐漸變得無法理解「為了賺錢工作」的道理。此外，這種人也比較容易依賴於他人的幫助，輕視貧窮之人，或輕視從事一般工作的人。很遺憾，身處富裕當中也有這般危險的一面。

我自己在青少年時期，即度過了極為普通的生活。我透過學習班傑明・富蘭克林的「時間即金錢」、「Time is Money」的想法，努力有效地利用有限的時間，並將其轉換為經濟上的利益。於是，我親身體會到自己賺取生活費、讀書費、書籍費的重要性。

然而，即便我是抱持著這樣的想法，但實際上，我也是在三十歲的時候，才終於能從三坪大小的租屋當中搬出來。那樣的房間，因為擺放書籍的空間有限，所以限制了我能購買回來的書籍數量。因為地方窄小，資金又有極限，所以也促使我必須盡量讀完所有買回來的書籍。

另一方面，若是有人從一開始就擁有充裕的金錢購買書籍，譬如「因為父母親過世，所以繼承了好幾億遺產」，此人便能輕鬆買入一棟寬敞的大廈，並且購買多少書籍都可以。而且，只要在家裡陳列著大量書籍，就能讓人感覺到自己好像是知識份子一樣。

當然，我想有人是透過財富，得以早期達成學業上的成果。譬如，

「父母親是學者」、「打從祖父連續三代都是學者的家世」，那般知性的累積，的確能讓此人快速成為學者。

但是，世間當中也有許多半吊子、僅是想要炫耀知識的人。這種人並非是有品德之人，且未對於世間有所貢獻、助益。

這方面有其難以區分的一面，因為任何事都有好壞兩面，所以必須有所警惕。

特別是每天因為金錢而苦惱的人，堅持著「清貧的思想」，彷彿像是在說著「請佛神見證我的努力」，不斷踏實地一步一步向前行，這種人持續地付出了他人也能認同的努力，我想也就不會淪落為惡勢力的爪牙。

反之，若是這種人在那般處境當中，萌生起扭曲、忌妒、憤怒之心，即便是十幾歲的少年，也很有可能做出不良行為。有些不良少年們，甚至會一起犯下犯罪行為。

有鑑於此，作為「真實驅魔師的條件」來說，長期處於貧困的狀態等容易讓人性扭曲的環境，並非是件很好的事。

惡魔會瞄準「自己過去的傷口」或異性問題

然而，歷史當中有許多宗教的教祖在覺悟之際，都是以貧困、生重病、親人的死亡為契機，繼而進入「宗教之道」、「覺悟之道」。因此，若不從長遠的角度觀看，有時難以看到全貌。但從客觀角度來看，身陷於一個墮落、帶有犯罪性質的環境時，人會遭遇相當大的逆風。想從中前進，此人必須具備相當的覺悟與實力。

從這一點來說，有些人的確會因金錢、經濟的匱乏，疾病、障礙等健康上的欠缺，抑或是親人的疾病與死亡，進而造成心態上的扭曲，甚至變成難以恢復的狀態。

現實當中，也有人在小時候失去了雙親或其中一方，但並不是在這種環境中長大的每一個人，都會成為惡人。也有人在如此環境當中努力站起，努力工作並建立了美好家庭。然而，也是有人將此作為藉口變成了惡人。對此，還是得加以注意。

在與惡魔對戰時，人會了解到「在自己靈魂的根源，或者是說人生的歷史中，有哪一個點變成了『刺』或『針』，進而讓自己卡住」。即使自己認為那已是過去的事，但一不小心，那有可能像是荊棘一樣刺著自己，讓惡魔總是瞄準這個點攻擊。

因此，人必須「反省」得非常徹底才行。對於過去發生的各種事情，自己必須回顧自己是「如何對應的」、「如何處理的」、「對於那些事，自己是做如何想的」，進而好好地擦乾淨己心。

如果不這麼做，即便表面維持得很好，但隨著惡魔的力量越變越大，屆時就有可能被惡魔用刀直接刺進「自己過去的傷口」。

同樣的問題，也會發生在「異性問題」上。

我想很少人過去在異性問題上，是完全沒有受過傷的。很多人在感情上曾受過傷，譬如與對方分手，又或者是被對方甩，雙方形同陌路，又或者因為家人、經濟、學業的關係，彼此感情走不下去，也有些人因為異性問題，進而有了新的業。

從這一點來說，幾乎所有人都會因異性問題上鉤。如同釣魚池當中的魚，一定都會上鉤過一、兩次。人通常會記得「被針扎的苦楚」，或者「本來只是想要吃餌，卻被針勾住」的感受。我想人們或多或少都曾經歷那般痛苦。或許有些人已忘了那些過往，但那些經驗確實會形成此人的靈魂傾向。

其實，在靈性能力的世界當中，特別是對於驅魔師，有時異性問題會引發非常大的問題。終究惡魔會將異性問題作為最大的攻擊標的。

如此問題的確難以解決，如果是自己一個人的問題或許還有辦法，但若是牽扯到與他人的人際關係，狀況就會變得比較複雜。

進入覺悟之道的人，必須對人際關係的挫折感到戒慎恐懼

對此，我想簡單地進行說明。

譬如在做學問時，或者是在學習佛法真理時、修行時，若是身旁出現了無條件給予鼓勵之人，這能成為此人巨大的浮力，繼而能持續地努力。如此人際關係會帶給此人正面的助益，比起一個人獨自戰鬥，其力

量會來得更為強大。

同樣地，人際關係也有可能變成阻礙。至今協助自己的人，可能會變成「挫折的種子」。特別是在進行宗教方面的修行時，經常會遇到這種情形。

終究，不論是誰，在心中都會思考利害關係、得失。因此，在修行的過程中，或者是學習佛法真理的過程中，與對方的利害關係一致時，人際關係不會出現什麼問題。然而，有時也會出現利害關係不一致的情形，此時，彼此關係就會大大地崩壞。

舉例來說，假設有一位女性心儀一位正努力學習真理的男性，並且與此人建立了很好的關係。也因為男方很優秀，女方的家庭對如此戀情也給予一定的支持。

然而，女方的父母親有著自己的想法，譬如「若是男生能考入醫學系成為醫生，未來兩個人結婚以後，就能夠繼承家業」，若是女方家長有著這般欲望的話，一旦男方並非往如此方向前進，雙方的感情便很有可能破碎。

抑或者，女方的家長是律師、法官等職業，如果孩子的交往對象是法律系的話，那麼父母親可能還會認同。但是，如果對象完全沒往這方面前進的話，那麼本來是正面的支持，最後就會變成負面的阻力。

又或者，本來男方沒有認真思考過要成為宗教家，但後來對於成為宗教家萌生了想法。此時，如果女方的父母是從事媒體相關工作的話，那麼情況又會如何呢？

當然，媒體當中也有各式各樣的人，所以我不能以偏概全。從事媒體工作的人當中，亦有抱持持著信仰、純潔之心的人。然而，若是對方的父母為了能夠提升收視率或曝光率，心想即便是捏造，也想寫出一篇報導出來的話，那麼兩人之間的感情便會突然惡化。

因此，「人際關係的問題」實在難以逃避。進入覺悟之道的人，必須對人際關係中的挫折感到戒慎恐懼。

即便原本是一個個性陽光、開朗、積極的人，又能與各式各樣的人建立關係，但有時也必須在一定的修行期間，縮小人際關係的範圍。若是與太多人有所來往，有時會為了需要配合這些人，進而讓自己無法繼續修行。更甚至，若是牽扯到男女關係的問題，情況就會變得更加複雜。

3 直到最後，惡魔都會不斷用「名譽心」與「嫉妒心」攻擊

反對教團因為規模擴大而遷移事務所的初期協助者

至今一直幫助自己的人，若是忽然翻臉，真的會讓人感到很遺憾。即便自認為「自己是純粹的信仰者」，也還是有著欲望。此人最終會留下什麼東西呢？

有些人看似拋棄了許多世間的欲望，熱情地投入傳道，對於金錢、家庭也不是那麼地在意。即便如此，到了最後，「名譽心」終究是難以消失。

比方以宗教為例，在教團當中，有些人會因為自己沒有辦法站上名譽的地位，就突然開始暴走，甚至是反過來攻擊，在過去三十幾年當中，如此狀況我已經歷無數次。這實在令人難以相信，為何這些人會被如此「單純的方程式」卡住。

這對現今齊聚於幸福科學的各位來說，或許會感到很可笑，並且從在全世界一百六十四國以上（二〇二一年十月）推動傳道活動的幸福科學來看，亦會感到難以置信，但在過去曾經發生了以下的事情。

在我剛辭去公司，創立幸福科學的初期，我想盡可能地在不動用資本金的情況下營運。於是我向一位最初很熱情的信徒借了三坪大小的房間，辦起了事務所。

然而，這位信徒所設想的規模與我不同。她認為，用自己家中多餘出來的三坪大小房間開辦事務所，且又有獨立的戶外樓梯，就足以讓幸福科學用一輩子。

當然，她是出自於善意，願意將房間讓我免費使用。但是，一個三坪大小房間的宗教，規模也實在太小。然而，當時由於我才剛辭去工作，所以比較謹慎，我那時心想「無論如何都不能破產」。

其實，在開辦事務所的剛好一年前，家父與家兄開始經營補習班，並已歷經一年的營運。只不過，當時的收支完全是處於赤字經營的狀態，很明顯地就能看出再過不久就會破產。

有鑑於此，我感覺到我必須踏實地以不花錢的方式創立幸福科學。

半年之後，我租了位於同一個地區，租金大約十五萬日幣，十五坪大小的地下室，並將事務所從那三坪大小的房間遷移至此處。但是，當我這麼做了之後，這位當初好意借給我房間，並熱情地協助的信徒，與我之間的關係就突然變得糟糕。

我想那是因為，若是事務所是在自己家中的話，自己可以掌控且可以表達意見，但若是搬到其他地方，又雇用了其他人或設立事務長的話，自己就沒有置喙的餘地了。因此她便突然發表反對意見，並與我們爭論。

再過了半年之後，我們又將事務所搬到位於車站前，一個二十五坪大小更好的地方，彼此的關係又更是惡化。

當事務所還在同一個地區的時候，彼此還姑且維持著關係，但是當我們開始進到了市中心之後，不僅變得沒有辦法溝通，也退回所有我們所寄去的任何東西。

即便我很感慨「為何無法理解如此單純的道理」，不過一旦開始推動幸福科學的運動，規模當然會逐漸擴大。我本來就是在公司做著大規模的工作，一開始幸福科學的規模雖然很小，但我只是憑著初衷慢慢地擴大其規模罷了。

因此，聘請人員、擴大面積，對我而言是理所當然之事，她卻將其視為一種背叛。她可能心想著「原本以為自己可以一輩子都是幸福科學的領導者，沒想到卻被騙了」。但是，我想應該不會有人會跟隨於這樣的人吧。

的確一開始的成員當中，有少數是她過去的朋友，這些人是看到她幫忙幸福科學，才跟著一起幫忙。但除了這些人之外，還有很多後來加入幸福科學的一般人士，所以當然需要一個符合教團發展規模的環境。

在這種狀況當中，人心中會出現糾結，進而容易讓惡魔進入心中。即便此人在平日的生活所進行的修練，足以讓自己不受到惡魔的傷害，但當環境有所變化之際，此人的「名譽心」開始作祟的話，就會受到惡魔的影響。

與親朋好友維持關係的困難之處

我和我的家人之間，也經歷了相同的事情。

我有五個孩子，他們都在相同的環境成長，一開始都是身處於「被本會職員照顧」的立場。隨著教團的規模逐漸擴大，孩子們的年紀也越來越大，所面臨的狀況也就變得越來越嚴酷。

對孩子們來說，至今自己受到眾多人們的幫助，也認為「照顧自己就是職員們的工作」。一旦要自己出去像一般新鮮人一樣工作，有一些孩子便感覺到和過往的待遇實在相差太大，難以重新調整生活型態。

對此，人必須要能夠看清社會整體的結構、想法，以及他人會作何感想。然而，這類事情不會寫在教科書當中，只能透過親身感受並領會那些變化。我想這與此人機伶與否有所關係。

與異性、親人、朋友等人維持密切的關係，的確有其困難的一面。我在上一節所舉的例子，是發生在我創立宗教初期的例子，但實際上就算我沒有創立宗教，從事著類似靈能者的工作，那樣的問題也是遲早會發生。

每一個人都有自己的自由意志、各自的想法，譬如有人會認為「自己在總裁先生旁邊工作」、「自己是總裁先生的左右手」、「自己在撐著教團」、「自己在財政上支持著教團」、「自己是前輩，正教導著人們」，但是隨著教團的成長，漸漸地這些人周遭的環境會有所變化，進而會離我越來越遠。於是，常常這些人就會開始暴走。

關於這一點，我想曾經創業並讓企業急速成長的人，或許也曾經歷過同樣的經驗。

或許人們沒有看到靈性的部分，不過從客觀的角度來看，都應該曾經發生過相同的事情。

因此，在這樣的狀況之下，很容易發生「名譽心」、「嫉妒心」的問題。

與異性之間的問題是「永遠的課題」

此外，在男女之間的關係中，終究會出現欲望。

初期我在創立幸福科學的時候還是單身，對此，人在老家的家母叮嚀我：「你在單身的時候，人們會拚命地協助你，一旦你結婚了，很多態度就會大幅轉變，好比突然說起壞話，甚至展開攻擊，得特別留意。」她還告訴我「絕對不能跟別人說自己有多少儲蓄」。

確實，一旦別人知道了自己有多少財產，他人心中就會出現動搖，所以最好不要透露。

我想，這是一個「世間解」的問題。

的確，如同我母親的叮嚀，我結婚之後，至今在周遭給予協助之人，突然開始對我有所批判，甚至變得很有攻擊性。所以這的確是一個很困難的問題。

至今自己跟隨的人突然決定要結婚，在這種狀況下，要人們敞開心胸接受事實，並保持客觀的態度，的確有其困難。

關於這個問題，不僅會發生在異性之間，連在同性之間都會發生。譬如，當時有許多年長的男性很不滿，這些人們認為「我們為了傳佈真理特地前來幫忙，但你卻想要結婚建立家庭啊！這不是很奇怪嗎」。

我想與異性之間的問題，大概是「永遠的課題」。

4 驅魔與異性問題之間的關係

容易讓人發揮「驅魔力量」的食物及其問題點

此外，還有另一個很大的問題。

在現實當中，進行驅魔之時，人必須具備一定程度的精力，或者是說「靈性力量」。

譬如，生病的時候，人們都會說「要多吃一點能補充元氣的食物」、「吃牛排或香蕉等有營養的東西，補充元氣」，而驅魔也是有類似的情形。

若是沒有充足的體力，人就沒有足夠的力量能驅除惡魔或惡靈。所以，補充元氣的食物同樣對驅魔也有效果。

在吸血鬼的電影中，常常看到吸血鬼非常厭惡大蒜。在我進入宗教的世界之後，便深刻地理解到那理由。

在那之前我以為「吃了大蒜之後會很臭，所以當吸血鬼從頸部吸血時，為因為聞到臭味而逃離」。或許可能也有那樣的一面，但一般來說，就像大蒜能治癒感冒一樣，能讓人湧現氣力。類似的食物還有韭菜、肝臟、洋蔥、長蔥等。

此外，在一般的食物中，也有著能補充元氣的食物，好比鰻魚、牛排、炸豬排等等。那樣的食物能讓你充滿能量、發熱，讓你有力量能夠驅除惡靈。

現實當中，若是具備了足夠的力量便能夠驅靈，但若是疲累不堪，就無法驅靈。

從肉體的條件來看，若是此人具備著能驅散惡靈的力量，就意味著此人具備著相當強大的精力。這與運動選手、熱情的推銷員或上班族所帶有的能量，有著相似的一面。

然而，在日常當中過著那般飲食生活的話，性欲也會跟著變強，於是就會增加被異性誘惑的風險。

節制對於異性的欲望，盡量努力將精力善轉運用至其他方面

我在年輕時，對於異性誘惑也是非常戒慎恐懼，但那並非像是「掉入人孔蓋，一下子就墮入地獄」一般的危險。那比較像是被蜘蛛網慢慢地纏住，又或者像是一滴一滴落入水桶的墨水，逐漸讓水桶中的水，變得既不能喝也不能拿去洗衣服般漸進的過程。

所以，單純一次被困住的經歷，不會讓人生分崩離析。

當然，確實也有人因為一次與異性的經歷，便徹底毀掉了自己的人生。那就彷彿像是開車突然發生交通事故一樣，若是缺乏了謹慎之心，就會導致那般下場。

然而，一般來說，異性問題就彷彿像是被蜘蛛網纏上，或者被墨水慢慢地染色，需要一定的時間，並不會立刻使人毀於一旦。

但是，若是有著強壯的肉體、精力，此人對於異性關係的妄想及欲望，就會開始變強。因此，這方面要維持平衡就不是那麼容易。

特別是對於年輕人來說，在年齡上，實在是有困難一面。在還沒到可以結婚的年齡時，有時人的性欲會非常強烈，變得難以控制，隨著年齡增長，欲望會逐漸變得比較平穩。只不過，年齡有所增長，工作能力就會下降。所以人在年輕有精力的時候，工作能力的確比較強。

充滿著所謂「工作能量」的時期，往往會與「受到女性歡迎、在鬧區花天酒地」的時期重疊。在這樣的時期當中，能否節制對於異性的欲望，並且盡量努力將精力善轉運用至其他方面，就變得非常關鍵。

酒醉之後便無法驅除惡靈，也無法呼喚高級靈

我在過去曾多次講述過關於「酒精」的話題。我自己不擅於喝酒，所以與天生能夠喝酒的人相比，對於酒精的感受多少有點不同。

即便我開啟了靈道，並且變成能夠呼喚高級靈的體質之後，在公司工作時，為了工作上的應酬，我還是必須陪吃飯、喝酒等。

但是，只要我喝了酒，哪怕僅是微量，半夜回家之後，無論我如何呼喚，高級靈都不會現身。就連平常會出現的高級靈們，哪怕是自己的

守護靈，也都不會現身。這與電話完全撥不通的情況完全一樣，只要身體內有著酒精，基本上都無法與高級靈相連結。

另一方面，惡靈或低級靈會在這種時候立刻靠過來，我很容易就會被這類存在附身。如果我去了一個不好的地方，有時惡靈還會跟著我回家，並且無法將其驅除。所以很明顯地，只要陷入酒醉的狀態，不僅無法驅除附身於身上的惡靈，就算想要呼喚高級靈前來協助驅魔，也無法成功呼喚。在如此狀態，就只能休息，等到酒精代謝完之後醒過來。

然而，因為工作的關係，我有時必須和非常多被惡靈附身的人碰面，實在沒辦法選擇。即使想要去沒有這樣的人的地方，也會因為工作的緣故，還是必須硬著頭皮做。

自從我變成靈能者之後，看到了被惡靈附身之人，我的臉色一下就會改變。因為我可以立刻知道對方正被惡靈附身，或者是正被幾個惡靈附身，在這種狀態下，要共處一、兩個小時，實在是很難過。

特別是在職場當中，因為同事皆近距離地坐在一起，也無法自由地更換座位，如果對面坐的是前輩或主管，當然無法要求換位，因為這只會顯得好像我不喜歡對方。

此外，很遺憾的，我也無法阻止這些惡靈前來干預。坐在我前面、旁邊、對角的人，若是被惡靈附身，這些惡靈會在我工作的時候，跑來跟我說話，所以實在是難以忍受。我不相信有任何人能忍受這種狀態。

而且，如果是前一晚與同事喝了一點酒又睡眠不足的話，光是要處理英文相關的工作，或是讀英文的文件就會非常吃力。在這種狀態下，對面之人身上的惡靈，還會過來和我說話。我有時會想向這些惡靈說「請你自己搞定自己的問題」，但這些惡靈還是會持續地來煩我，讓我沒有辦法專注於工作上。因此，我在工作時，總是會在心中與這些惡靈搏鬥，並將其驅除。

我想當時我的臉色應該也很差，因為只要我跟這些被惡靈所附身的人對到眼，我就會看到他們內心糟糕的想法。

所以，有些人會覺得我與某些人相處得不好，或者是想法很挑剔。但這方面的難題是無法迴避的。

基督教、伊斯蘭教、佛教當中異性與同性的問題

自古以來，眾多宗教都講述著關於「自制心」、「戒律」方面的教義。那些教義都是來自於講述之人的經驗，所以未必適用於每一個人，但那提醒了人們容易掉入陷阱或失敗的狀況。那些並非是說人只要犯了一個錯，人生就徹底完蛋，而是告誡人們哪裡容易失足。

關於性方面的議題，我想今後在宗教上也會變成一個問題。或許在二〇二〇年以後，很有可能會有激烈的價值觀衝突。

譬如，之前在美國民主黨的總統初選中，有一位有著「丈夫」的男性，在某著選舉區當中獲得了最高票。他是與他的丈夫一同參與競選活動，這讓我感到有點訝異。當然，有那樣子的人也無妨。但是坦白說，是否可以公然地作為總統候選人，我還是有點疑慮。

伊朗譴責如此性傾向，想必將此視為「極度的墮落」。他們會說「為了防止那樣的事情發生，我們嚴格地劃分男女界線，並且儘可能地不讓女性在人們面前露出臉孔。譬如，當女性唱歌的時候，如果觀眾都是女性的話，那還另當別論，但若是在有男性的地方，就必須遮住自己的外表，不可以煽動男性的欲望。這個根據傳統教義的作法，是十分正確的。如果什麼都被允許的話，那麼就會很多人誤入歧途，引發社會的混亂」。

然而，在同一天的新聞中，我看到了在篤信伊斯蘭教的埃及中，關於當地割禮的習俗的報導。當地的伊斯蘭教存在著女性的割禮習俗，一個十二歲的少女被父母帶到醫院進行割禮，結果因為出血過多而死亡，那對父母因為殺人罪而被逮捕。

伊斯蘭教源自於於神的教義《古蘭經》，以及穆罕默德的言行錄《聖訓》。在《聖訓》當中，記載著女性及男性的割禮事宜。

然而，這個習俗並非純粹從伊斯蘭教開始，而是從幾千年前，開始於非洲地帶。它本來是一個將貞操義務化的儀式，之後才流傳到沙漠的中東地帶。我想，在伊斯蘭教導入割禮之前，猶太教中早就有割禮的習俗。

即便有許多女性團體都對於這種侵害人權的習俗表示反對，但還是發生了那般死亡事件，成為了新聞。

就像這樣，在伊斯蘭教當中存在著如此問題。另一方面，基督教則是過於寬鬆，開始允許起所有事情。於是在性別的議題上，當然會出現價值觀的衝突。所以，我認為必須要解決關於異性、同性的問題。

至於佛教，從釋尊所訂定的戒律來說，可以看到同性戀者及現在所說的雙性戀者，都被禁止成為出家者。還有被形容為「中性」的人也被禁止出家，雖然我不太確定是否真的存在這樣的人。雖然不清楚對於在家的修行者，也是否適用同樣的規則，但因為釋尊當時是讓尼僧與尼姑分開修行的，所以我想那些規則，是為了迴避發生混亂而訂定。

此外，出家者無法結婚成家。當然，即使本來是夫妻，也會因為分開修行，所以無法自由見面。關於這部分，是否該被譴責，還是該被允許，是一個很微妙的問題。只不過為了維持一個穩定的集團生活，難免有嚴厲的一面。

學校當中的宿舍也是如此。如果不區分出男生宿舍和女生宿舍，終究還是會發生問題。但要允許多少彈性空間，就真的是必須加以議論。

佛教是個被認為相對保守的宗教，卻由於過度禁止對異性的欲望，進而在後來使得人們出現同性戀的傾向。基督教也面臨同樣的問題，現今梵蒂岡傳出了眾多醜聞。

我們無法完全迴避性方面的問題，此外，男女是被分別創造出來的，所以我想打從一開始，神就對於這些問題早已有一定的預設。

努力改善不備之處，防止惡魔從人心中的縫隙進攻

若是某位男性在修行之後開悟，在此人推展各種活動時，若能獲得

來自於女性純粹的護持心念的話，即能受到保護，並且能更強而有力地對抗惡魔與惡靈。這就是為什麼神社當中有眾多女性神職者的原因。

當與惡魔對戰之際，若是這位男性得到了純潔又年輕的女性神職者的協助，會發生什麼事呢？

這些女性神職者散發著一種對於神佛的純粹的愛與信仰，進而讓這位男生獲得加持，進而能成為某種保護的力量。

然而，若是他們之間的男女關係變得不單純，就無法再形成保護的力量，反而會互相拖累。

初期的佛教，出家者都被禁止結婚也沒有孩子，到了中世之後，結婚生子漸漸變得普遍。也因此，出家者出現了額外的負擔。

對於修行者而言，經濟負擔是他們最大的煩惱。初期的佛教教團還沒有足夠餘裕，能讓出家者以類似上班族的方式，僅在工作時間工作，將其餘的時間花在家庭上面。如果這能被允許，他們的生活方式，會與一般在家的修行者沒有什麼差異。

如此一來，這會形成一種「出家者不斷地消費在家修行者的佈施」的型態，進而當時不允許如此作法。即使佈施是個傳統的行為習慣，但我想人們仍舊無法接受那般制度。

在過去，出家修行者都是單身且很貧窮，所以得靠佈施生活，又因為還有來自於其他宗教教團的競爭，所以佈施往往會集中在更有德望的宗教當中。

在某種意義上來說，進行著嚴苛修行的團體，或者有德望的團體，比較容易獲得更多的佈施。因此，雖然當時並沒有八卦週刊的存在，但人們的謠言或評價，還是會影響宗教團體收到多少的佈施。

現今在進行驅魔之際，不管自己是單身還是已婚，惡魔還是會進攻此人的弱點，所以必須盡可能地針對弱點進行防禦。

就像「矛」是用來攻擊，「盾」是用來防護，人必須能攻能守。如同我經常所講述的，惡魔會朝「貪、瞋、癡、慢、疑、惡見」這方面攻擊，所以各位必須要對這些弱點做好防禦，並努力讓己心不要出現縫隙。

5 真實驅魔者所持有的靈力

透過妥善地統御身心，維持並增加自己的力量

在講述這個法話之前，我收到了一個關於「如何判定自己修行程度」的問題。的確，個人的修行程度實在是難以客觀衡量。

本會每年都會舉辦佛法真理的檢定測驗，即便分數很高，也未必就能說此人悟性很高。此外，本會依年齡、經驗、工作能力，賦予出家職員某種職位，但職位的高低，也未必能和此人的悟境劃上等號。有些人在年輕單身時，可能心境很純潔，但中年之後有可能會失去那般純潔。如同在一般社會所看到的一樣，現實中有非常多讓人墮落的因素。

因此，為了避免墮落，簡單的解決方法即是了解到「我們是以人類之姿活於世間的存在，在這地上會出現世俗的欲望，所以關鍵就在於好好地控制、統御這些欲望」。這在佛教的經典當中也屢屢出現。

人們通常會認為「若是能達到某種成就，此人就算成功」，但在佛典當中的教義當中，則是推崇「比起達到某種成就，能夠度過妥善統御身心的生活還更重要」。這必須實踐於每一天當中。

在逐步累積那般努力當中，此人會逐漸被周遭所認同。並且，如果是在宗教團體當中的話，一般的信徒也會感受到「這個人擔任的導師所進行的祈願比較有效」、「此人的驅魔功力比較高」。因此，宗教和世間的組織一樣，悟性的高低，並非是依此人的頭銜、年齡、收入而定。

換言之，一個能努力妥善地統御自己身心之人，即能夠維持並增強自己的力量。

平日沉穩的人也能發揮「強大的力量」

只要生活在這世間，在某種意義上來說，若是沒有欲望，就沒有辦法活下去。但若是能節制欲望，並將其累積為「儲蓄」，此人終究較容易發揮出靈性的力量。

世間當中有許多種類的力量，譬如拳擊的出拳、踢拳的踢擊、柔道的摔擲。而有別於這些物理上的力量，平日生活當中精神柔軟、寬容且沉穩的人，很意外地，能發揮出「強大的念力」。

平日此人是非常地寬容，對於眾人也是以慈悲心對待，但在關鍵時刻，必須與惡勢力對戰並加以調伏時，此人即能集中自己靈性能量，化為驅散惡靈之力。

關於驅散的方法，本會教導著各種修法，若是精通這些方法，屆時即能派上用場。

靈性力量是由身體的哪個部位釋放而出？

那麼，靈性力量是從身體的哪個部位釋放而出的呢？

其中一個是「手掌」。光或靈性能量會從掌心處散發，所以在驅魔時，常常會用到手。另一個部位則是「眉間」。據說眉間有一個脈輪，此處也會釋放出強大的力量。

此外，「眼睛」本身也有著力量。再來從「嘴巴」能說出話語，所以可以透過話語與惡靈、惡魔對戰。

從一個有靈視能力之人來看，當某人在讀誦幸福科學的根本經典《佛說 正心法語》或其他經文、祈願文等，能看到此人從嘴巴吐出發光的泡泡。因為那些話語當中有著言魂，所以話語是有著力量的。這都是透過各種學習、精進，而產生的一種綜合力量。透過話語，能給人當頭棒喝，使其悔悟。

還有，當然「心」也能釋放出靈性能量。從心臟附近的「心」，也能散發出一定程度的愛的力量。透過那般愛的力量，有時能讓邪惡的存在退散，又有時能散發出寬恕之力、使其融化之力。

譬如，有些人所散發的氛圍，會讓惡人感覺到「怎麼感覺就是不想攻擊此人」。平常壞事做盡的人，看到這般抱持著壓倒性善念的人的時候，有時就是無法對他下手。通常流氓都會攻擊有弱點之人，但有些人就是會讓流氓收手。所以，散發那般善念非常的重要。

此外，胸腔下方的「鳩尾」以及下腹部一帶，也有著很大的力量磁場。若是此處沒有「膽力」的話，最終是很難戰勝惡魔的。

那股膽力必須具備著，遠遠超越世間的勝負邏輯的力量。你是否從心底抱持著「想要拯救人類的心念」、「想要讓世間更加美好的想法」、「絕不容許讓邪惡勢力於世間囂張跋扈的不退轉的心境」，就大幅影響了你有多少膽力。

從手掌散發的靈性能量，在驅除惡靈時能產生力量

此外，在驅除惡靈時，有時會透過身體各式各樣的動作。

那並非像是忍術一樣，必須透過結出各種手印，藉此發出力量，而是在每個當下，在靈性上會出現指導之人，那指導之人會教導此人擺出適合的動作或姿勢，所以跟隨那指導進行即可。

我也是如此，就像在進行修法「愛爾康大靈　戰鬥」的時候，雖然

有著基本的姿勢，但除此以外的情形，當需要發送出靈力的時候，很多時候當下出現的指導靈，就會擺出自己最擅長的姿勢發出靈力。

此外，若是你能集中念力創造出力量的話，你即能夠發出類似雷射一般的光束。為此，有時需要結出各式各樣的手印，但其實不須做過多的考慮，當出現了適切的指導靈時，你便能自然地擺出正確的手勢。

一般來說，從掌心發出的力量比較容易使用，這在驅除惡靈上有很強的效果。

除此之外，有一些姿勢能將「光」聚集在某一個點上，常見的做法是用雙手擺出手刀的姿勢，藉此來發出光能。

6 如何創造對付強勢的惡靈、惡魔之結界

傳統神道的驅魔習俗是否有效？

此外，還有人問我關於「如何創造對付強勢的惡靈、惡魔之結界」的問題，這是非常困難的問題。

在現實當中，譬如日本的神道會將鹽巴捏成三角錐形，並放在房間的角落，藉此作為驅魔手段。人們還相信，從某些區域生產的鹽巴會更能展現效果。

然而，我也嘗試了這種方法，但是惡靈完全不受任何影響，能夠自由地進出。那些惡靈完全無視鹽巴的存在，直接侵門踏戶。

此外，人們還會用稻草繩驅靈。我也曾試過用綁著紙片的稻草繩圍出結界，但那也同樣是毫無用處，惡靈同樣是自由地出入。或許古時候曾出現過效果，但到了現在就很難說了。

相撲的土俵周遭也圍著稻草繩，但我認為與其透過那般稻草繩形狀，還不如透過眾人散發出「想要透過稻草繩圍成一個圓形，藉此創造出神域」的意念，還更能創造出一個靈性的磁場。

在比賽相撲前，人們會將在稻草繩圓圓地圍在土俵四周，並且再從上方垂吊更巨大的稻草繩，之後還會舉行一個驅靈儀式，用鹽巴淨化土俵。此時，如果周遭之人能一同集中意念，秉持著「要舉辦一場讓神也能觀看的純潔的相撲」的想法，那麼便會形成一個神聖的磁場。

惡靈、惡魔所能引起的靈性現象

有一部日本的電影叫做「來了」，影片中，人們將水放進碗中、酒杯等各種杯子中，試圖藉此來驅除從山裡冒出來的惡靈。

然而，在現實當中，這些方法完全沒有效果。窗戶、牆壁、天花板也完全無法阻絕，因為惡靈能穿過所有物質的障礙。

另一方面，惡靈也沒有辦法像電影當中一樣，用鋸子鋸下人頭。一般來說，這種事是不會在現實當中出現。或許他們能將人壓在床上動彈不得，或者使人感到沉重進而昏倒，但我至今從沒看過能興起強大物理現象的惡魔。

他們雖然為了展現自己的存在，或者為了威脅他人，進而興起讓人感到恐怖的物理現象，但是他們不可能撕裂或砍斷人的身體。

此外，像是那種屍體從墳墓當中爬出來，如同殭屍一樣到處殺人，或者是人類為了防衛，進而用步槍射殺這個殭屍的場景，很遺憾地，我是無法相信的。其中必定混雜了各種迷信或傳說。

另一方面，惡靈或惡魔倒是能影響電力系統。我不是很確定這背後到底存在著何種原理，但他們的確能讓燈光突然地變暗。

當然，他們也能使人「生病」。

被那些惡靈附身的時候，如果那惡靈還處於死時生病的狀態，此人就有可能罹患相同的疾病。與這個惡靈有緣之人，譬如朋友、父母兄弟姐妹、親戚等等，因為某些契機進而被附身的話，此人就會罹患相同的疾病，也有可能代代都是相同的疾病而死。接二連三都是癌症身故，或者是連續三代都是上吊而死，這種情形大多都是被附身，進而死法都相同。對此，必須要覺悟到「這一定是有人在搞鬼」。

又或者，也有像是被「死神」纏住一般，代代都出狀況。

定期前往幸福科學的支部或精舍的重要

在沒有回到天上界的祖先當中，的確會有如此作祟之人，各位要獨自面對如此情形會有其難度，所以最好到本會的支部或精舍參加研修，或請導師代為驅除會比較好。然而，那並非是去了一次之後就能徹底解決。因為大多數的人平日都待在支部或精舍以外的地方，所以很讓他們永遠地離你遠去，終究還是必須要某種契機，讓自己步上覺悟之道，精進努力，抱持與那些惡靈完全不同的人生態度。

換言之，就像是「水」與「油」互不相溶一樣，若是和那想要做壞事的靈抱持完全不同的心境，即能與對方隔離。

因此，請不要與那些惡靈持有相同的心念，要在心中置入其他的想法。為此，我才會出版各種書籍，講述各種法話。

在這層意義上，定期聆聽我的講演、說法，或者是與本會的導師進行交流是非常重要的。

本會也有舉行著驅除惡靈的儀式，有時一次就能將其驅除，但若是長久被惡靈附身的情形，就算暫時將其驅除，常常還是會被再度附身。

所以，每個月定期地前往本會的精舍或支部，聆聽法話、參加宗教儀式等等是非常重要的。那樣子的靈，並非是那麼容易就能被驅除的。

靈道開啟之人，必須持續維持謙虛與透明之心

在幸福科學初期之時，我曾打開過一位沒有足夠修行之人的靈道。

一開始還只是出現此人的守護靈，但不到一個月的時間，此人便被惡靈侵入。因為靈道不是他自己打開的，所以他沒有驅趕惡靈的能力。

在這個時候，回歸本心最為重要。必須要去除掉名譽心、虛榮心，拋棄自己偉大或不偉大的世俗性想法。努力維持一顆謙虛、透明之心，回到「作為一個信徒」、「作為一個修行者」的態度。只要持續這般努力，便能慢慢恢復到正常的狀態。

如同先前所述，將墨水一滴一滴地滴入水桶之後，整體整桶水就會變得烏黑。相反地，若在這般烏黑的水中，又滴入一滴又一滴的乾淨的水後，水便會溢出水桶並變得清澈。淨化了一段時間，這桶水又能夠重新飲用或拿去洗滌其他物品。靈性方面也是如此。

所以，若是己心變得混濁，進而吸引了同類而來，那麼就要一點一點地加入「神聖的事物」才行。宛如剝掉一層薄薄的衣服一樣，必須一點一滴地去除掉自己的汙穢之處。

若非持續一定的年數，否則是不成修行的。若是認真地修行個好幾年，就一定會出現成效。當持續修行了一定的年數，就必會經歷各種事態。持續修行大約十年的時間，幾乎就會遇到各種不同的情形。

本會的講師當中，如果是持續修行二十年、三十年的人，就具備著相當的強度。終究這些人有著一定程度的實力。

然而，隨著長久的修行，地位變高之後，有時會因為慢心，而對於修行出現怠惰之心。在這個時候，此人就會變得無法驅除惡靈，反而有可能成為被攻擊的對象。因此，修行者必須要相互提醒才行。

與愛爾康大靈連結，即能成為保護自己的力量

有些人不喜歡參加教團的活動，這些人認為「如果書籍出版了，只要去書店購買就好」、「只要在舉行大型講演會的時候，去聆聽法話就夠了」。

就像這樣，從過去開始，就有很多不喜歡被組織制約，被戒律綁住的人們。

這類人都有野狐禪的傾向，然而，藉由在組織當中修行，即能透過彼此的力量一同獲得保護。以「一比一」的方式進行對抗，會比較弱勢。但是在教團這個大型組織中，和眾人一起修行，一起思索相同的事物，如此念波即能築成一堵防止河水氾濫的堤防。

在那般環境當中修行，最後即能與愛爾康大靈連結在一起，亦能夠

與愛爾康大靈的所有支援靈團連結在一起。和這般巨大的力量連結，即能成為保護自己的力量。

若能與這整個力量連結，無論是何種惡魔都沒有機會取勝。所以請務必覺悟到，個人戰終究是有其極限的。

本章講述了「真實驅魔師的條件」，期盼內容能成為各位的參考。

第四章

降魔的王道

——何謂讓世界光輝閃耀的法力

1 讓病毒、惡靈、惡魔退散的「宗教性的覺悟」

不論發生什麼事，每一次都思考處理方式並加以克服

二〇二〇年我在外部會場舉行的講演非常少，或許讓各位感到不是很充足。

我在二月於香川縣觀音寺市舉行了講演，並在三月於仙台市講過話之後，便看到報章雜誌報導了「幸福科學看似心情很好，舉辦了聚集一千人以上的講演會呢」的文章。我對於世間如此緊張和退縮感到有點驚訝。但是也不能過於刺激他們，所以有一段時間，幸福科學將錄影下來

的我的法話，在各式各樣的地方，以小規模的方式讓人們觀看。

我本來在二〇二〇年五月預定前往倫敦，但是因為流行著新冠疫情，當時當地禁止舉行三人以上的集會。之後，甚至七人以上的集會也被禁止了。因為舉辦不了講演會，所以很遺憾地，當時我就沒有前往倫敦了。

本來同年九月也預定要在紐約舉辦講演會，但紐約也是個「激烈的戰場」，是一個對抗新冠病毒最嚴苛的地方，所以我也不得不放棄前往紐約。真的是有很多難以實現的事。

長期做這份工作，總會遇到許多不同的事情，但是我總是採取「不論發生甚麼事，每一次都要思考處理方式並加以克服」的態度。至今，我都是抱持著「將內部該做的事情，以『存款』方式累積，等到能自由地在各個地方推動工作的時候，再妥善地往前推進」的風格處事。

由於難以外出遠行，所以在夏天之際，我拚命地撰寫電影原作，這些原作將在幾年後翻拍成電影。或許各位稍微再上一點年紀之後就能看到。趁著我的感性還沒鈍化之前，早點把原作寫出來也是一件好事。

沒有人在幸福科學的講演會罹患過新冠病毒

本章的主題為「降魔的正道」。這是二〇二〇年十月我在德島縣的聖地愛爾康大靈誕生館所開示的法話。原本這個法話是為了替五月公開上映的電影「心靈咖啡館的驅魔師－The Real Exorcist－」（製作總監、原作 大川隆法）熱身，所舉行的法話。

然而，當時若是停車場上停放著掛有其他縣市車牌的車輛，便會被通報「有其他縣市的人們前來」。我雖然認為「掛著高知縣、香川縣、愛媛縣的車牌有什麼好奇怪的」，但礙於處在一個像這樣的事都會被逐一通報的時期，所以也不能過於勉強，於是便延後了法話舉行的時間。

不過，截至目前，沒有一個人在來到我的講演會後感染上新冠病毒，所以不用感到擔心。當然，在其他宗教，有著「因在教會被感染了所以有點危險」的地方，但是那宗教的種類和我們有點不太一樣。

韓國也流行著新冠病毒，在基督教中也被稱為異端之處的集會中，發生了幾百個人感染的情形，但本會沒有發生那樣的事。

本會在二〇二〇年八月底上映了電影「與奇蹟的相遇－心靈依偎3－」（企劃 大川隆法），這是一部打從一年之前，就持續追蹤著各種疑難雜症痊癒事蹟的紀錄片。因為當年二、三月起便開始流行起新冠疫情，我便要求製作團隊「能否找出幾個從新冠疾病痊癒的例子，並放入電影當中」。

於是採訪組便開始前去尋找，但是調查之後沒有那樣的例子，所以沒有辦法納入電影當中。

頂多是有這樣的故事。有一位日本信徒的親人住在美國，這位並非是本會會員的親人感染了新冠病毒，發高燒住院。這位信徒為這位親人在日本參加了「源自中國之新型冠狀病毒感染擊退祈願」之後，此人便痊癒出院了。但是製作團隊認為「如此內容實在難以製作成電影，這是理所當然之事，應該不能算是奇蹟吧」，所以就沒有放入電影當中。

幸福科學的會員沒有感染新冠病毒，所以很遺憾地沒有辦法讓人們見證奇蹟，但我認為各位能維持著健康，這件事本身即是一件令人高興的事。

為了尋求協助而現身的強森首相本人的靈魂

雖然川普總統不戴口罩持續努力著，但是到了十月，還是感染了新冠病毒而住院。不過，當時，我相信也祈禱著「他會提早痊癒，並再度以健康的狀態現身」（之後，川普總統在住院三天後便出院，回歸政職）。

此外，媒體對他的攻擊反而變少了一些，拜登也說「將批判川普的廣告都下架」，所以他的染病或許反倒是件好事。川普有點過於強勢，所以稍微得到一點同情可能會比較好。

美國是個大國，我認為美國會用自己強大的力量加以克服。

對我來說，則是有著「不論世界發生什麼事，都仍必須繼續做我該做的事」的使命。

再說，當時川普的守護靈並沒有到我這邊求助。另一方面，我本來預定要前往英國，四月的時候，英國的強森首相之靈來到了我這裡。我也是初次體驗了那樣的事。當時吃完晚飯後，像是生靈的東西突然「壓過來」，還在想是什麼的時候，他便開始用英文講起話，才知道是強森之靈。

強森當時在加護病房，應該是剛好要轉至普通病房的時候。我感覺他是為了「請求賜予光明」，進而來到我這邊。

我認為那不是守護靈，而是他本人的靈魂。他的靈魂脫體而出，並來到了東京。在我們對談之後，他便急速地康復，回到了工作崗位。

因為當時川普的守護靈並沒有前來，所以我想他的症狀沒有那麼嚴重，但如果他有前來，我本來就有要治癒他的打算。

若能達到釋放出「後光」的狀態，惡性病毒便會離去

在我看來，這並不是個很大的問題，平常我們是與更棘手的東西對抗，所以即便因為冠狀病毒而罹患肺炎，都還算是「輕症」，可以簡單地痊癒。所以，無須感到擔心。

至於「為什麼會痊癒」，我們一方面製作了「THE THUNDER－冠狀病毒擊退曲－」，讓全日本、全世界的人們都可以聆聽得到，而另一方面若是能夠達到「心的和諧、統一」，並且釋放出幾公分微微「後光」的話，縱使是一般被稱為惡靈、惡魔的東西，也會漸漸無法附身於此人身上。那些惡性病毒，也同樣沒有辦法再附身於人。

若能達到「從身體釋放出微微後光的狀態」，病毒即會遠去。不只是冠狀病毒，包括流感病毒等等其他東西也都一樣。對於這般病毒性的

疾病來說，只要能創造出「從全身釋放出後光的精神狀態」，病毒便會離開。

在某些情況下，有時病毒會「移至旁人身上」，若是如此，縱使人數本身並沒有減少，但終究還是離開了此人。就這層意義上來說，「宗教性的覺悟能對疾病產生效果」是理所當然之事。

上述內容，即和本章的主要論點有所關聯。

2 「降魔成道」——透過覺悟的力量戰勝惡魔

所謂「降魔」，即是透過「覺悟的力量」、「法力」讓惡魔退散

在講演此章內容的當天，講演會場並未將「降魔的正道」的降魔二字打上日文讀音，我心想「真不愧是聖地愛爾康大靈誕生館」。

對宗教有所鑽研的人，的確能讀出這兩個字，但對此沒有概念的人，就會搞不清楚「降魔是什麼」。他們可能會認為「這是否是『讓惡魔降臨』的意思」，但若是讓惡魔進入體內是件不得了的事，剛好變成相反的意思。

降魔的正確意思是，「透過覺悟的力量或法力，去戰勝、退散那被稱為惡魔、魔王的存在」。我認為對於四國地區的人來說有著相對容易理解的一面。因為弘法大師空海即是一個透過法力與惡魔對抗的人。他是一個修習密宗擁有那般法力之人，所以我想四國地區的人們，會比其他地區更能理解降魔之意。

關於降魔類型的電影，將在二〇二〇年十月上映的電影「相信黎明的到來。」（製作總監、原作 大川隆法）之後，在二〇二一年五月左右，上映另一部電影「美麗的誘惑－現代的『畫皮』－」（製作總監、原作 大川隆法），其內容描繪了「相當於空海的僧侶轉生於世間，與現代的妖魔對抗之姿」。

這部電影已經殺青，劇中置入了各種電腦動畫等等，我想觀眾們能夠看到「降魔之類的場景」。

關於降魔方面的主題，我進行了眾多研究，並透過各種方式公諸於世。因為惡靈、惡魔有著各種不同的模式，如果事前認識到有哪些模式，便能在遇到的時候，知道「原來是這一招啊」，進而事先做好心理準備。

「降魔」一詞是從釋尊的「降魔成道」而來

「降魔」一詞，一般來說是出自於二千五、六百年前於尼泊爾誕生，並在印度傳道的喬答摩・悉達多、釋尊。釋尊在離開迦毗羅衛城，經過六年的山野修行之後，在菩提樹下禪定之時與惡魔的軍隊對戰。在那像是最後的戰鬥中，他透過禪定力戰勝了惡魔。

過去人們拍攝的電影當中，也曾出現了那樣的場面，而本會的動畫電影當中，也有描繪出那般場景。

當時釋尊開悟的菩提樹是位在當時我去印度巡錫的摩訶菩提寺裡面。從釋尊於該處禪定的時期開始起算，現在那棵大樹已繁衍出相當於孫子或曾孫的其他大樹。在那大樹的周遭有著巨大的寺院，寺院前方則是一個很大的廣場。

當時我就在那廣場聚集了四萬人以上的人們，用英文舉行了講演（二〇一一年三月六日說法「The Real Buddha and New Hope」〔真實的佛陀與嶄新的希望〕）。

因為那裡僅是一個廣場，所以為了設置講演場地，花上一個月以上的時間，木工們拚命地建造樑柱。在那四萬人的會場上，雖然用了布幕加以區隔，但依舊沒有辦法容納所有的人們。看到人群從各個地方步行湧入，我心想著「這人群真的止不住啊」、「能夠準時開場嗎」，總之就是擠進了眾多人們。

當我站上講台往前走時，看到坐在前面的是摩訶菩提寺的高僧們。前面好幾排，都是坐著印度的正宗、專業僧侶。

當時我心想「這下麻煩了」。我本來是想講述稍微簡單一點的內容，但是專業中的專業人士坐在前面好幾排，並且好像是抱持著「你倒是說說何謂覺悟」的感覺盯著我看，所以我就想「真沒辦法，或許內容會對其他聽眾有點困難，但我還是說吧」。於是，我以「中道」以及「降魔成道」的內容為中心，講述了法話。

我不知道其他四萬人聽眾聽不聽得懂我所講述的內容，但是之後全國電視轉播，播放了好幾次，所以我想應該有人在聽了幾次之後便有所理解。尼泊爾也透過國營電視台轉播了非常多次，與日本的熱度完全不同。他們投入的熱度非常驚人，但願各位能體會這方面的差異。

幸福科學正被世界逐漸認識

然而，在日本，相較於其他宗教，我們也是有稍微受惠的一面。我們在夏季所舉辦的「誕生慶典」與冬季的「愛爾康大靈慶典」的一年兩次的講演，現今能夠在日本大概五台或六台的地方電視台看到重播。和歌山電視台以及其他地方也每年幫我們播放，讓鄰近的居民也能觀看得到。

這些電視台只對幸福科學這麼做，所以我想大眾媒體也或多或少接納了本會。

至於全國播放的大電視台，除非我引發了什麼事件，否則不會那麼簡單地就播放我們的消息。我要是死掉的話，他們肯定就會報導，但我還在世之際，他們會「努力地撐著」，不會輕易地報導。

不過，現在已透過許多不同的形式，幸福科學正逐漸地被人們認識。現今全世界雖然蔓延著新冠病毒，但幸福科學也在全世界興起了另一種戰役。我從二〇二一年十月匯報給我的報告中得知，現在幸福科學的信徒已廣佈世界一百六十四個國家，跟過去相比，或許又更廣佈了一些。

如果光是聆聽「THE THUNDER－冠狀病毒擊退曲－」或「THE EXORCISM－擊退不成佛靈祈願曲－」等音樂，人們各方面的狀態都能轉好的話，我認為這是一種非常有效果的現代作戰方式。

先前提到的電影「心靈咖啡館的驅魔師－The Real Exorcist－」，已在國外獲得五十多個獎項。獲得的獎項有各式各樣，實在太多，已經到了記不清楚的程度，實在令我吃驚。我想那是因為海外各國對於宗教方面的內容接受度比較高。

那是一部驅魔電影，我們只是將理所當然故事收集起來，拍成了電影。電影尾聲的對戰場景非常精彩，但是對於製作了其他驅魔電影、恐怖電影的人們來說，那樣的「理所當然」好像非常罕見。

他們或許會認為「欸？可以就這樣嗎」、「不是應該要演得更嚇人、更恐怖，讓人感覺一直在逃跑的感覺嗎」，他們似乎對於我們所呈現的「再普通不過」的場景感到不可思議。

真的很感謝那些影評人士看得懂我們在劇中想呈現的事物，我想世界還是有希望的。

3 從電影「相信黎明的到來。」觀看「降魔成道」

清楚描繪出「降魔成道」的電影「相信黎明的到來。」

釋尊最初開悟之際被稱為「降魔成道」，也就是「戰勝了惡魔，並完成了邁向真理之道」的意思。雖然那並非就此結束，但是那具備著獲得最初偉大覺悟的意思。

對此，佛典當中有著各種記載，一般來說，當時惡魔的軍隊打出第一軍隊、第二軍隊、第三軍隊的陣型，並乘著大象、持著武器從周邊開始進攻。對此，釋尊沉靜地禪定一一地加以戰勝，而「戰勝惡魔」連結至後來「菩提樹下的覺悟」，所以說「降魔即覺悟」。

這即是指透過「開悟」，同時也會獲得「法力」，也就具備了「讓惡魔退散的力量」。

現在有很多的佛教學者認為「那應該是指內心當中的糾結、煩惱」，但事實並非如此。正如同我在本會出版眾多的書籍當中寫到，那並非僅是心中的糾結而是真實體驗，那是發生在現實當中的真實經歷。

關於這部分，在二〇二〇年十月十六日開始上映的電影「相信黎明的到來。」當中也有描繪。這部電影描繪出從我開悟之後，到東京巨蛋講演的這一路軌跡，觀眾可以透過影像看到實際上發生了什麼狀況。

如此「開悟之前的最後挑戰」之「降魔」，終究還是會到來。此時我是如何應戰的？對此，兩年前也曾透過另一部電影描繪那場景，但是到了「降魔成道」的階段，我認為那部電影並沒有清楚地呈現。

然而，這是非常重要的關鍵。若是沒有辦法降魔，便無法稱為真正的開悟，所以製作團隊再度縝密地收集各種資料，重新製作了另一部內容截然不同的電影。

到了「開悟的前一晚」，惡魔便會發起最後的猛攻

電影「相信黎明的到來。」是一部大作，還沒在日本上映之前，就已在全世界獲得二十幾座獎項，所以我認為這是一部值得期待的大作。

雖然是一部大作，電影片長有一點長，當時導演對我說「請讓我剪掉十六分鐘的長度」，但是我回答「等等，絕對不可以剪掉！試映片我都已經看了，若是刪減內容，那我就傷腦筋了。這是描繪我前半生的最後一部電影，以後無法再拍了。要我再度回想年輕時期的事，再拍出

另一部電影出來已是不可能的事了，所以拜託不可以剪掉」。就這樣，對於是否要剪掉十六分鐘的內容，我跟導演之間做了一些溝通。

「拜託不要剪掉，片子都已經拍完了，日後也不可能再重拍，就維持那樣的片長吧！影片內容所呈現的都是事實，所以請絕對不可剪掉」，我是如此拜託導演的。

並且我還跟他說，「關於影片長度，被製作總監拜託『絕對不可修剪』，應該是一件很榮耀的事吧」。「一般都是被要求『剪掉』，但是卻被說『別剪掉』，這應該是件榮譽之事。沒有地方可剪應該是件很光榮之事」，我是如此說服導演的。

實際上，若是片長沒壓在一百二十分鐘左右以內的話，電影院會稍微有點不高興。因為他們會想一天多播個幾輪，所以如果片長超過兩個小時，他們便覺得有點討厭，但是這部片子還是多出了十幾分鐘。

不過，我是這麼認為：「在全世界大賣座的電影，片長不都是一百四十分鐘或一百五十分鐘嗎？他們也沒有壓縮在兩個小時以內。這理由是說不過去的，這一部片子也是大作啊」，於是就這麼一刀未剪地在電影院播出。

片尾的精采內容之一，即是「降魔成道」的部分。這次的電影以我當時的實際經歷為中心，透過電腦動畫，盡可能忠實地重現當時的場景。我想各位透過觀看這部電影，再回頭過來再一次閱讀本章的內容。

當時到底是發生了什麼事呢？一般來說，如果心靈狀態不佳，當然會有被惡靈、惡魔附身的可能，但是也有例外的情形。以宗教修行者來說，到了「開悟的前一晚」，惡魔會採取最後的猛攻，這亦是過去歷史上曾發生過的事，無論是釋尊或耶穌，都曾經歷過這樣的事。

當時看到惡魔那般強大的攻勢，我立刻了解到「這意味著，若是我為了創立幸福科學，進而辭掉了工作，挺身立世的話，想必會帶給惡魔很大的麻煩，所以他們才會如此拚命抵抗」。我想他們「希望就維持在這樣的狀態」、「就讓惡魔的帝國繼續維持下去」，進而希望我就此放棄。

第二次大戰也過了七十多年，日本的教育已「巧妙地」讓人們搞不清楚，到底有沒有靈界的存在。雖然醫學也有所發展，但大多是以唯物論為中心。

在外科醫學上，他們會透過切除內臟等身體的一部分來治療，或者透過藥物來治療等等。如此唯物論的想法變得非常強烈，所以還是有令人感到傷腦筋的地方。

傳教的對象激烈拒絕的靈性理由

其實，過去即曾經發生過如此傷腦筋的事情。

有位醫師曾收到親友所贈與的幸福科學的書籍，他讀了之後便出現在我面前。

在那以前，他本來是一位溫厚、沒有任何狀況的醫生，但是那時他變得有點「霧霧的」，也就是說他出現了靈障狀態。

對醫師來說，那本書所記載的「透過奇蹟能治癒疾病」之內容，似乎造成了靈魂的衝擊，宛如「被金屬球棒打到頭部一般」，竟然這位醫生就被惡魔所附身了。

對此，我也感到很驚訝。平常的話，這位不容易被惡魔附身的醫生，竟然真的被惡魔附身了，那就表示「那本書的內容對醫學有所衝擊」。對於醫生來說，從沒被教導過「透過奇蹟能治癒疾病」，也未曾興起過那般奇蹟，更認為那是不可能的，進而讓他感到不知所措，這也讓我感到很意外。

書籍的確有著那般力量，似乎也給予了預料之外的刺激。各位在贈送書籍、傳道之際，根據對象的不同，想必會面臨到各種反應，但是請務必堅強面對。

如果被傳道之後，能一下子便接受的人，就像是「綻放花苞之前的蓮花」，沒有什麼問題，不過一般來說都是會加以拒絕或抵抗。

那是因為此人會認為，若是接受了如此價值觀，自己就無法再按照至今的人生態度度日。或者是，若是此人被祖先之靈、生病之靈、意外事故之靈、親友或同事的惡靈給附身的話，附身在此人身上的靈會感到很厭惡，進而激烈地抗拒傳道。

在舉行本章說法時，因為我講了這方面的內容，或許在會場當中或衛星轉播會場當中，可能有某些聽眾出現了一些現象。好比，身體前後左右地搖晃，或者突然地睡著，甚至有時候坐在椅子上的人，會突然地直挺挺地倒向一邊，或往前後倒下。又或者是有人會出現口吐白沫等等的情形。

但是，這些都是「靈性反應」，雖然看到的人會感到驚訝，但是不用緊張，這意味著「附身於此人的存在開始離去」。若是有人感覺到自己或許是被附身了，進而開始學習佛法真理的話，我會感到很開心。

持續告訴世人靈性真相的意義

即便透過文字、話語去理解靈性事物，但實際上還是有非常多的人無法置信。人們會說「那些肯定是心中的迷惑」、「你是在跟我講古嗎」，或者是「在中午上班時間，你跟我講這個幹什麼」。人們很擅於把靈性事物和實際生活區分開來，所以很難讓這些人理解真相。

幸福科學在日本製作了一個名叫「天使的晨喚」的廣播節目，並且在每個週末的上午，透過全日本三十六個廣播電台播放。除了主持人說的話之外，節目中還會播放我的說法，以及我所作詞、作曲的音樂。播放這個節目的廣播電台也逐漸地變多。

這個「天使的晨喚」的廣播節目，在某個地方性廣播電台第一次開播的時候，那個電台的老闆也前來聆聽，當天的主題是「關於守護靈」之類的內容。當時主持人在節目當中說：「大家早安，今天節目當中要和大家談談關於守護靈的話題。」收播之後電台老闆便憂心忡忡地說道：「假日一大早就談守護靈，會不會太恐怖了一點？下次一開頭能不能聊些一般的話題。」

若是一直從事著宗教的工作，漸漸地就會對於靈性事物的內容，感到麻痺不以為意，覺得那是很普通的事，但是對於平常沒有接觸宗教事物的人來說，那就不是理所當然的內容了。

此外，在書籍方面，我也出版了相當多靈言集。或許有人會認為「沒有必要出那麼多靈言集」，但是我想透過出版眾多各種個性、想法迥異的靈言，讓人們知道「就是有如此多種多樣的靈人存在」。

我真的希望人們能夠知道，「自己是靈性存在，死後會回到靈界。即便是還活在世間的時候，作為自己的靈魂兄弟姊妹的守護靈，亦會從靈界從各方面幫助自己、給予自己建議」。也希望人們能了解「即使是活於世間的時候，也會受到來自各種人們的靈性影響。我們就是活在如此世界當中」。

4 仍然無法以地球的科學說明的宇宙祕密

幸福科學的幽浮、外星人靈性解讀，使日本成為了幽浮先進國家

除了出版靈言集，最近，我們還開始時不時地開示幽浮或外星人等的靈性解讀。雖然有一些人會擔心「總裁先生，這麼做好嗎」，但都已經到這個地步了，就沒差了。

如果因為有所疑慮，進而沒有揭露該揭露的內容的話，日後就沒有機會揭露了，所以我想該讓人們知道的，就得讓人們知道。

日本在幽浮領域本來是個落後國家，但是因為幸福科學開始發表大量的幽浮訊息，現在終於成為了幽浮先進國家。

二〇二〇年的春天，川普總統公開了三個乘坐著似乎是地球外的生命體的不明飛行物、幽浮的影像。實際上不僅僅是那樣，應該還有更大量的幽浮數量，但是無論如何，美國已正式地公開發表了那般存在。

另一方面，日本的防衛省，當時的防衛大臣發出了以下指示：「我自己本身雖然不相信，但是因為美國發表了那樣的內容，今後，包括航空自衛隊的所有自衛隊成員，若是看到了那樣的東西，無論是拍照還是什麼，請盡可能地收集證據」。

現今本會也正拚命地出示各種參考資料。

在這廣大的大宇宙裡，只有地球有生命居住是絕對不可能的事。大宇宙當中一定有好幾兆個有著太陽系的銀河，所以像地球一樣的生存環境的星球，絕對不計其數。有很多星球具備著能夠讓生命誕生的條件。

此外，所有的行星不一定在同一時間當中，有著相同的發展階段，我認為有著較落後的行星，也有較先進的行星。

並且，既然地球上居住著生命體，那麼也可以說，一定有來自先進行星的生命體會前來地球觀察。

對於如此說法，唯物論主義者也未必會全部反對，他們應該會說「無法否定其他宇宙當中也有人類型的生物居住。只要有適合生存的環境，根據演化的法則，那也是有可能的」。

然而，為了證明這一點，必須要先解釋「生命體要如何旅行這麼遠的距離」，但是按照目前地球的科學水平，尚無法辦到。

只要我說起幽浮或宇宙相關的話題，其內容便會廣佈於一百多個國家

或許在各位的孫子輩的世代，可能花個兩億日幣，就可以到火星附近走一遭，但就算是去到了火星，可能也沒什麼東西可看，頂多就是從那邊撿個一顆石塊回來吧。

或許還可以去到月球上，但是在月球背面有著非常多「不該被看到的東西」，所以屆時可能會不知道該怎麼辦。

過去美國曾進行過阿波羅計畫，但是在月球背面看到了許多「不該看到的東西」，並且又將其錄影了下來，之後就害怕地不敢再去。不過，今後人們還是會再次登陸月球的。

看到「未知的事物」會感到害怕是很正常的事，有那種反應也不意

外。但是「祕密」的內容被揭露之後，我想人們應該就能夠理解。

有一些靈魂是居住在地球以外的行星，只要結束了在該行星的靈魂修行，便有可能移往其他行星。譬如，要不就是在地球再度進行靈魂修行，或者是從地球畢業，前往其他行星。

高次元的高級靈的世界，有時候會用「宇宙界」一詞，這其實就是意味著「在靈界當中有著與其他行星連結的部分」。

或許不要講述太多關於這部分的內容，對於世間來說會比較好，但有些時候會遇到「如果我不說，要誰來說」的情形。若是讓弟子講述，可能沒有人會加以理會，所以我想我就全都講出來吧。

在我最近出版的書當中也有提到，幸福科學的信徒遍佈世界一百六十四個國家，如果我說了「幽浮或外星人來到了地球」，就代表那內容會廣佈於超過一百數十個國家的意思。這對於外星人來說非常有利，所以我經常會接收到「來自宇宙的啟示」。

然而，除了靈言集與宇宙方面的書籍，我也講述了一般眾多蘊藏宗教思想的想法，以及關於人生之道的內容。這些講話內容的前提，都是建立在不偏離「為人的正確人生態度」的基礎上。在不偏離如此基礎的前提之下，我也試著擴展、挖掘，人們可能會感興趣或想了解的其他領域的內容。

創造出地球靈界的磁場的東西

科學家對於「靈界」似乎難以徹底地加以探究。

然而，就我來看，地球是一邊環繞著太陽公轉，一邊自轉，在二十四小時自轉的期間當中，便會產生出一個「磁場」，而如此磁場又區分成好幾層。

透過地球旋轉而產生的磁場中，可以看到形成了「不同次元的靈界」。

離地球表面最近的地方有著「四次元」的世界，在這之上有「五次元」、「六次元」的世界。我認為在地球自轉的周圍形成了靈界。

即使在其他人類型生命體的行星，我想應該也有那般磁場。

5 從眞理的角度所見之「降魔的本質」

大幅改變人生的「單純的真理」

關於這部分，科學尚無法加以解釋，但是如同佛陀在二千五、六百年前所說的，靈界其實就是一個被稱為「實在界」的真實世界。有時靈魂的一部分，會從實在界轉生到世間。

這是一個非常單純的概念，但是能否接受這單純的概念，會大大地左右此人的人生。

那眼所不見的靈界，即是自己實際生活的世界。有時候，這個世間的時代會有所改變，所以為了累積新的經驗，人會從靈界轉生到世間。

「轉生於世間的意義」就在於，世間是唯一能讓各種程度不同的靈魂，共同生存的地方。在世間當中，會出現像是「馬鈴薯的皮互相摩擦」的狀況，在各種不同的學校、公司、工作中，在彼此不知道彼此誰比較偉大的情況下，彼此互相惕勵、磨練。

因此，從某種意義上來說，這個地上界是有其「意義」的。

根據靈魂的程度，決定了在靈界當中前往的階層，但是轉生到世間之時，便會齊聚一堂。以地上之緣進行修行的期間，有些人會犯下過錯，這些人回到了靈界之後會墮入地獄，在那裡經歷幾百年的修行，待反省結束之後，會回到稍微上方的世界，之後再被賦予一次轉生於世間的機會。

我就是在教導著如此簡單的世界觀，這真的是無論反覆進行何種研究，都是出現如此結果，所以接受如此邏輯會比較好。

幸福科學所講的「自由」的意思

在此我所想說的是，因為幸福科學與幸福實現黨皆主張著「自由、民主、信仰」的重要，所以有一些人會說「既然都講著自由，那麼人轉生到世間之後，不是自由地想做什麼，就做什麼就好了嗎」，但我想強調「不，請等一等」。

若是真的認為「生命就僅限這輩子，再活個幾年或幾十年就會死去，如果不做想做的事就虧大了」，進而有些人的人生，會像是那些極端的電影一樣，拿著機關槍站在台上，噠噠噠地射殺好幾百人，自己感覺到「真是爽快」。但是，我所教導的是「人生並非會那樣就結束，就算被判了死刑，那也不是結束。在那之後，會持續很長的反省時間」。

所以，這就是不可那麼做的原因。自由是伴隨著責任的，做了不正確的事，便會引發反作用力。

因此，請自由地去做你所認為正確的事，並且將「給予他人幸福」作為理想。

當你覺醒於靈性事物時，便會感覺世界變得光輝美麗

在「從悲哀走向喜樂」這首歌（作詞、作曲 大川隆法。電影「與奇蹟的相遇－心靈依偎3－」形象曲）的歌詞當中，有提到何謂幸福。有人認為「若能得到什麼，自己就是幸福」或「條件被滿足了，就能變幸福」。然而，如果能再稍微地對靈性事物有所覺醒，便會感覺到這個世界真的是光輝美麗。

當你看到各式各樣的人，從事各種不同的工作，在各種不同的家

庭或職業當中，為了追求各自的覺悟的努力之姿，感覺到「世界真是美麗」，進而離開世間的話，我想就可以說各位獲得了成功。

看到當天聚集於講述本章內容的說法會場的各位，我感到「世界很美麗」。雖然在外表上，多少被「塗上了一層薄薄的其他東西」，但我感覺到各位真的像是純金一樣閃閃發亮。

就像我經常說的，前往地獄之人的特徵，就是他們在面對不利於自己的事情、不幸的時候，多半會怪罪給他人或環境。但是，這是最不應該做的事。

若是訊問墮入地獄的人們，全都是那般態度。坦白說，這些人都是自私的人。自私的人會墮入地獄，在那裡會被要求反省，或者是被隔離，並且多少會被鬼欺負。地獄就是這樣的地方。

另一方面，對於他人抱持著利他態度的人，想著「想要為他人奉獻」、「想要讓他人幸福」、「但願世界能變得更加美麗」的人，這樣的人都會回到天國。這是非常單純的道理。

因此，盡是以自我為中心，將所有事情都怪罪給他人、環境，老是講著「自己就是因為這樣才會變得不幸」的人，是非常要不得的，必須要改變那種想法。你已經被賦予了眾多事物，你已經在各方面受惠很多了，那已經是很好了。

過去我在川島中學的同學，以及川島中學時期教導我數學的恩師，也來到了講述本章內容的說法會場。

即使過去我是在川島中學讀書，之後前往了東京的大學，與東京或大阪附近的菁英校出身的高材生競爭，但我從未輸給他們過。這說明了我就讀的川島中學、德島縣的縣立城南高中的教育一點都不差。一切都取決於「自己的自覺與努力」。只要自己有著自覺並努力向上，一切就會變得美好。

因此，如果可能，請不要再認為「因為自己出身鄉下，所以前途渺茫」、「因為家境貧窮，所以前途黯淡」。

或許各自身處的環境、起點有所不同，但是衡量的基準在於「從那裡開始，自己往前走了多遠」，請試著用這樣的角度看待自己。

或許你過去有著各式各樣的障礙，譬如，「出生的時候，父母就過世了」、「事業破產了」、「經濟上很困頓」。或者是有人過去沒有辦法繼續求學，即便如此，出了社會之後若是想要繼續學習，還是有各種學習方式。若能持續學習，必定會變得聰明。

因此，沒有你無法突破的障礙。

你的出生，是否讓世界變得更加美麗？

平常我在東京，經常講述類似「從平凡的出發」的內容，而在這裡，我想說說相反的道理。

那即是，「即使你認為自己很平凡，但也並非真的平凡，因為到處其實都埋著砂金。不論在哪裡，都存在著好的朋友、好的老師、好的引導之人。即便是各式各樣的公司，都存在著那樣的人」。

如果你認為好的上司，只能在大公司裡找到，在小公司就找不到的話，那你就完全錯了，沒有那回事。在各種地方，都有著許多能成為「人生之師」的人。要接受這些人們的指導，持續地磨練自己。

並且，要意識到「世界是美麗的」。

剛剛提到的「從悲哀走向喜樂」的歌曲當中，有一句歌詞是「我的出生，是否讓世界變得更加美麗」，這正是我要說的。

自從你出生以來，世界變得更加美麗了嗎？

世界變得更加美好了嗎？

對此請問問自己，如果你的答案是「ＹＥＳ」的話，那就意味著你的人生成功了，希望你能維持如此心境生活下去。

以上我講述了各種內容，或許有人會感到困惑，但根本的道理是很單純的，那就是「找出自己轉生於世間的意義，徹底地度過一個有益於他人的人生，並且美麗地從這世間當中畢業」。

教導人們如此單純的道理，即是宗教的任務。

如果人們只學習這個世間的學問，沒有察覺到那單純的道理，最終就沒有辦法跨出那最後一步，進而無法離開此世，變成不成佛靈徘徊在世間。

甚至，靈界當中還有著被稱作「Demon」、「Devil」的惡魔所支配的世界。簡單來說，那就像是流氓組織一般的犯罪集團。待在那樣的地方許久的人，會利用爪牙幹盡各種壞事。

不管是在世間還是在靈界，若是進到了那樣的世界當中，就難以從中脫身。

追求更高的精神目標，每一個人都成為閃耀的明星

所謂「降魔的本質」，即是在了解如此靈性世界觀的基礎上，察覺到自己本身的光輝，此外也察覺到他人、自己周遭人們所發出的光輝，進而抱持著感謝、報恩的人生態度。

對此若能做得到，就自然能做到「降魔」，不需要感到太害怕。

無論是誰，多少都具備著一些「法力」。如同一開始我所講述的，透過學習佛法真理，你即能散發出微微的後光。透過修行，就有辦法達成。如此一來，根據「波長同通的法則」，各種惡性存在就無法附身在你身上。

因此，雖然各位在程度上多少有所差異，但是都具備著「獲得一定的覺悟」的可能性，這也與「民主主義的概念」一致。

請追求更高的精神目標。

做好學問，變得聰明、變得更出人頭地、對於世間有所貢獻是基本，但那並不是終點。最終，還是要追求精神上的卓越。

在本章的最後，我打從心底祈禱，各位每一個人都能夠成為閃耀的明星。

請務必努力前進！

第五章

源自信仰的創造

——克服人類危機的祕密

1　於世界發生之始料未及的事態

無須對冠狀病毒感到那般畏懼

二〇二〇年發生了各位始料未及的各種困難。

因為現在很多大型會場無法使用，講述本章內容的誕生慶典的法話，也以幸福科學總本山正心館作為主會場，透過衛星轉播至全世界。我喜歡大家齊聚一堂的感覺，所以若是一直被要求「規模要小一點、小一點」，那麼很遺憾地，我會感到逐漸無力，萎縮到宛如黑洞般的大小。

在海外也有人透過衛星轉播觀看此次法話，對於難以舉辦集會的地區，我們則是盡可能地，讓人們能夠在家中觀看。

即使舉辦了集會，也不能比肩而坐，在這世間的規範之下，若是我講述「宇宙之法」，可能會讓人感覺太超脫了現實。這「世間之法」實在是相當嚴峻。

自從二月開始，我們舉行了數百人規模或一千數百人規模的集會，之後媒體便報導「幸福科學舉行了大規模的行事活動，非常地強勢」，但是我完全不能理解這哪裡強勢。我們僅是一如往常地舉行活動，在地方所舉行的也僅是普通小規模的活動，但是似乎其他宗教完全沒辦法聚集人群舉行活動。

他們到底相信的是什麼呢？我想他們是相信現代科學中一部分醫學人士的意見，但是對此我想說「你到底在說什麼啊」。聆聽我的講演會，當然不可能會感染冠狀病毒，這是無庸置疑的。

病毒是個連生物都稱不上的存在。只要抱持著「我們如同鯨魚般巨大，病毒就像是浮游生物般的大小，怎可被那玩意兒擊倒」的心境，就絕對沒問題。

然而，如果恐懼之心湧上心頭，想要生病死去之人，便會希望藉此機會倒下住院。於是就會有很多人就會急忙趕去醫院，並在那裡病情更加惡化，進而過世。

至今日本還陷入混亂當中，因新冠肺炎而過世的人有一萬數千人，確診患者的累積人數大約是一百七十萬人左右（二〇二一年十月二十一日止）。

並且，根據報導，日本的總死亡人數跟去年相比，減少了一萬七千人以上（二〇二〇年十月報導）。

與其他疾病相比，規模實在太小了。舉例來說，即便在人口一千四百萬人的東京都裡出現一、兩百人的感染，抑或有三十七點五以上的高燒，這已是丟顆石頭也砸不到的機率。

看到各位的發想過於萎縮，且取消了各式各樣的活動，這讓我感到有點遺憾。人們真的是輸給了恐懼之心。因為讓恐懼之心取得了勝利，所以有很多人持續了好幾個月足不出戶的狀態。

我認為不需要那麼感到害怕，只要有「信仰的力量」，便足以對抗病毒。

疫情期間也要求教會開放的川普總統

在國外，還有更多地方蔓延著冠狀病毒。我認為那是因為幸福科學的教義還沒有被充分地廣佈，「戰力」尚且不足。

即便如此，在疫情非常流行的期間當中，美國的川普總統說道：「雖然各個地方禁止了集會，但是教會還是要維持開放。」

我認為如此作法實在很了不起。他認為「向神進行祈禱的地方，必須要維持開放。怎麼可以禁止人們前往教會」。我認為在他的想法當中，終究信仰是比現代科學當中的醫學還要來得偉大。

現今，美國正處於非常嚴峻的局面，他們正努力試圖重新復活。我祈禱美國能夠再度復權，成為一個強大的領導者。

雖然美國出現了超過四千五百萬人的感染者（二〇二一年十月二十一日止），但那只是因為幸福科學的傳道速度太慢了。

伊斯蘭教國家的疫情也蔓延著，似乎那裡也禁止進行集會。

很遺憾地，阿拉之神不會對他們有所回應。若是他們再稍微朝向「東方」祈禱，我便能將光傳遞給他們，但是他們是往天上的方向膜拜，所以很多時候神沒有辦法聽到他們的聲音。

一直以來守護著人類的神的名字是「愛爾康大靈」

在人類歷史當中，發生了各式各樣的事。

既發生了各種的疾病、亦發生了各種天變地異、自然災害、戰爭，真的發生了各式各樣的事。過去也曾有人口減少一半，甚至減少了三分之一的時代。

自古至今，我持續地看遍了各種時代，至今我與人類共同經歷了喜樂與悲哀。

現今，我以大川隆法之名出現於各位面前。在日本，應該有約莫百分之九十的人，曾聽過「大川隆法」之名。但如果調查「你聽過愛爾康大靈嗎」，我想知道的比例應該會大幅減少。我不確定民眾是否知道「愛爾康大靈」。

雖然我想調查看看，愛爾康大靈的知名度與幸福實現黨的支持率，哪個比較高，但感覺會得到令人害怕的結果，所以遲遲沒有進行。我想認識「愛爾康大靈」的人，應該會比認識「大川隆法」少相當多。

但是，現今正是全世界信仰神、相信宗教的人們，呼喊神的名字的時候。在這般時代，人們不知道神的名字，是一件非常遺憾的事。

過去，世間出現了無數的宗教。我不會說那些全都無法幫助世人，現今仍有諸多能幫助世人的宗教。

然而，那般教義被個別講述的時代，是一個交通不便、彼此無法往來的時代。

現今，現今新冠肺炎的疫情，證明世界已經成為了一體。發生於中國武漢的病毒，一瞬間就廣佈至全世界。並且，在地球另一端的感染人數，甚至超過了發生源頭的感染人數。

關於病毒的真相有著諸多議論，在此我並不打算深究。然而，我們必須知道無論是好是壞，現今世界是連結在一起。

因此，雖然我現在是在日本講述著教義，但是我們並非僅是侷限於日本國內的宗教，也並非僅是針對日本講述教義。

譬如，距離烏干達首都路程遙遠的村落，人們也聚集在那裡觀看並聆聽我所說的話語。

所以我必須意識到世界各國人們會聆聽我的教義，進而講述法話。

2 奇蹟的時代正要開始

在非洲發生的奇蹟——死去的孩子死而復生

在二〇二〇年八月上映的電影紀錄片「與奇蹟的相遇－心靈依偎3－」（企劃 大川隆法）當中，有一幕是烏干達郊外村落的村民，出來迎接採訪團隊的場景。

電影中介紹了發生在非洲中央地區發生的奇蹟故事。一位女孩子死去之後，她的父親為她持續讀誦《正心法語》四十五分鐘，之後在醫學上被認定為死亡的孩子，竟然死而復生。

這可說是基督教中「拉撒路的復活」的現代版。村落當中的人們都知道這個女孩子已死去四十五分鐘了，但就在她父親持續讀誦四十五分鐘英文版的《正心法語》之後，孩子竟然復活了。目睹如此奇蹟的村民，大家都成為了幸福科學的信徒。

我想他們的信仰更是純粹、直接。若是在日本，即便在醫院裡讀誦《正心法語》，進而讓人復活也可能有其難度。人被認定死亡之後，就會被送到至太平間。但是，在現今的時代，確實有一位父親讀誦《正心法語》四十五分鐘之後，眼前的人便復活了。

從「死而復生」的這一點來說，除了耶穌本人的復活以外，「拉撒路的復活」是基督教中發生的唯一的奇蹟。所以，這可說是最大的奇蹟之一。

現今相同的事情，也發生在一位非本會職員的非洲信徒身上，他僅靠讀誦《正心法語》，便讓人復活。我想終究是因為他心中強烈向愛爾康大靈祈禱，並持續讀誦經文的原因。他堅信奇蹟一定會發生，就在他持續讀誦的過程中，他的女兒的心臟就真的開始鼓動，現在更是能正常上學讀書。不可能的事情，確實發生了。

幸福科學作為宗教蘊藏著強大的力量

或許讀者當中有人曾看過這部電影，諸如此類的奇蹟案例正於日本全國各地、世界各地發生。

然而，這只不過是序幕。若是真實的「信仰」廣佈於各地，我想奇蹟不會僅是如此而已。

據說在全世界有著二十億信徒的基督教，其所信仰的耶穌·基督，在幸福科學中僅是一位指導靈而已。希望各位在知道如此現實後，能夠明白「這名為幸福科學的宗教，背後蘊藏著多大的力量」。

今後我們將會看到、聽到、感受到更多至今預想不到的事。並且，各位在世之際，還會發生眾多「各位認為不該發生在世間之事」。

各位當中有很多人已被現代的教育、媒體，或者周遭人們的意見所洗腦，並且對於「自己本來的力量」以及「本來的天上界的神佛之力」一無所知。

因此，今後我想向人們展示「真正的世界」。

「自然災害與天變地異的力量」屢次顛覆人們的想法

二〇二〇年是黃金時代起始的一年。雖是如此，為何打從年初就出現了新冠病毒，並且還廣佈於全世界了呢？

此外，在日本，因豪雨引起的大洪水，從九州的熊本縣開始蔓延至九州全區，造成幾十人的死亡，受災者也達數萬人。各位聽到了日本的國內新聞報導，或許感覺到狀況很嚴重。

但是在隔壁的中國，幾乎沒有報導自己國家也發生了大洪水。中國也降下豪雨，受災者超過了七千萬人（截至本書發行時間點），這是相當驚人的人數。

我想，當地居民應該已慢慢察覺到這些災害的意義。希望各位知道，對於人類自認聰明，覺得「這沒問題，一切能搞定」的事情，各式各樣的自然災害與天變地異，皆有著能顛覆人類想法的力量。

譬如，熊本縣在過去遭遇過多次災害。人們本來認為河水不會漲得那麼高，但據說，這一次河水漲到了九公尺高。畢竟那是河不是海，人們心想不會漲到那麼高，但這次的淹水高度，連房子都被淹沒了。

就像這樣，日本政府一直透過各種措施，試圖讓「國土強韌化」，但那些措施被自然災害一而再、再而三地突破。然而，這是我老早就已提醒過的事。二〇一九年的秋天也出現了很多的颱風，日本以外的地方也遭受了那樣的災害。

於世界各地發生「蝗災」的理由

除此之外，以非洲東部的肯亞一帶為中心，那裡出現了大量的沙漠蝗蟲。它們擴散至非洲，並移動至亞洲，進入了巴基斯坦、印度，將穀物吃得一片狼藉。

這用英文來說叫做「Desert locust」，意思就是「沙漠的蝗蟲」。

此外，中國也出現了蝗災，將各種穀物吃得狼藉不堪。

據說沙漠蝗蟲一天只要吃大約兩公克的的草，就可以飛越一百五十公里遠，實在是讓人難以忍受。對於蝗蟲來說，草就像是濃縮鈾一樣，可以比擬於核能。各位能吃兩公克的草之後，就飛行一百五十公里的距離嗎？只能說這是人類不可能做得到的事。

它們除了只要吃兩公克的草，就能飛行一百五十公里的距離之外，還會一邊繁殖一邊移動。它們會不斷地增加數量，好幾兆的蝗蟲會一起飛行。

此外，南美洲也同時發生了蝗害，造成糧食危機。當地居民不僅得面臨冠狀病毒的流行，還得應付蝗蟲。

就像這樣，如同摩西的「出埃及記」當中出現的現象，現今正發生著諸多近似神所興起的災害。

關於「為何這些災害都在同一時間點發生」一事，我還得保密。然而，這也不是全然都是祕密，各位或許多少能夠猜到一點。或許是因為「愛爾康大靈都轉生於世間了，人類卻如此懈怠」之理由，現今才出現那般自然現象。

但是，若是人們認為我是「恐怖之神」也不好，所以我得留意不要說太多這類的話。今後多少還會持續發生一些災害，但是我也打算興起更大規模的「拯救」。

何謂「真正的拯救」、「真正的幸福與不幸」

我所說的「拯救」，並非僅限於世間當中一時的拯救。最終的拯救，是讓活在於這世間的眾人，死後回到靈界時能順利地返回天國。

若是在世間抱持著錯誤的人生態度，死後大量墮入地獄的話，那麼這就稱不上是拯救。即使讓一個人的疾病，痊癒大約一年的時間，光是這樣不能算是真正的拯救。

最終，我其實是想讓希望各位知道以下的事實。

人是靈性存在，是有著靈魂的存在。名為「靈天上界」、「實在界」的世界是確實的存在。在那裡，亦有著被稱為「神佛」的高度存在，亦有著「菩薩」、「天使」的存在，並守護著世間。

各位也是從那般世界轉生到世間，抱持著各種任務，為了在這世間創造出烏托邦世界，努力從事著各種職業。

但是，有一件事情不會改變。那就是「在死亡面前，所有人皆是平等」，也就是說人終究必定會死去。

因此，死亡本身並非不幸。

「未成就任何一事而死」才是不幸。
「造成他人的不幸而死」才是不幸。
「未能讓他人幸福而死」才是不幸。
「未能引導他人而死」才是不幸。

就像這樣，希望各位能夠稍微改變關於幸福與不幸的想法。

譬如，若只是認為人生就僅是在這世間的幾十年時間，只盼望家庭美滿就好的話，那麼這實在是很小的幸福。

能轉生到這世間真的是很不容易。轉生到世間，受到父母培育，成為大人之後，又能活躍於社會，這並非是簡單之事。

也因此，若是你身體健康，並且從事著他人稱羨的工作，這其實代表著了你背負那般巨大的義務，你有著將眾人引導至幸福彼岸的義務。

3 如何克服經濟恐慌

在這新冠疫情當中所感受到的日常幸福

在此次新冠疫情當中，我想各位已經目睹了至今沒有看過的光景，或者經歷了至今沒體驗過的事。

然而，我認為那全然都是壞事。經過那些體驗，各位應該已感受到至今認為「理所當然」的事，其實並非是理所當然。

譬如，過去認為每天都得去公司，每天起床打領帶出門真的是令人感到厭煩。但是現在政府卻要求八成的人都必須居家工作，我想人們應該正對此感到驚訝吧！並且還擔心著「如果在居家期間，被公司告知不用再上班了，那該怎麼辦」。

疫情發生以前，自己本來覺得只要去公司坐著，就會拿到薪水，所以只要坐在辦公桌前就好。但如果被公司通知「不用來公司也可以，如果有需要，可在線上處理工作」，於是人們便會開始擔心「如果沒有需要，那會變成怎樣呢」。其實說穿了，那就是意味著工作不保了。

某些公司會只讓非正式員工來公司工作，正式員工都是居家工作。這些正式員工應該會擔心將來可能會發生令人害怕的事，畢竟能在辦公桌前面工作的人，比較容易生存下來，所以我想大公司的員工，都對將來感到非常不安。

此外，現今也發生了人們至今想都沒想過的事。

譬如，「請和他人保持社交距離」、「請不要外出」、「不要讓孩子在公園玩耍」、「不要每天外出購物、不要與家人散步、控制每三天在外出一次」等等，這些規定在過去聽都沒聽過。

對此，我曾說過「若如此狀態持續下去，近代經濟學及民主主義就會崩潰，連軍隊也無法再營運下去」。

若人們不可待在密閉空間當中的話，船隻和飛機也會被禁止搭乘。而人群密集聚集的軍隊，也將變得無法運作。此外，現在美國雖然正舉行總統選舉，若是無法與人接觸的話，這樣下去選舉也必須取消。

在電影當中，偶爾能看到僅透過機器溝通聯繫的未來世界，但是若這樣繼續下去，就只能迎接那般未來。

我想，此時正是讓我們好好想一想的時期。

想想「能和他人一起工作、來往，是多麼幸福的事」、「能在公園和孩子一起遊玩，是多麼幸福的事」、「雖然很討厭擠沙丁魚電車，但是能搭電車前去公司，是多麼幸福的事」、「即便不是那麼認真工作，卻還能夠領到薪水，是多麼幸福的事」。

如果是一位說著「每天只是外出買菜，真是無趣」的家庭主婦，現在也可能體會到，每天能夠出去買東西是多麼幸福的一件事。

可能會出現巨大的「經濟恐慌」

雖然日本沒有制定防疫的相關法令，但光是建議商家自發性地歇業，就已經讓各種商店陸續關門，且不知道何時能再度營業。

我看到了許多地方，有些商家不遵從政府的要求持續營業。我想這些店鋪真的是鼓起了相當大的勇氣。有些食堂、咖啡店、店鋪都還是在持續營業，但應該都是開得提心吊膽的吧。他們害怕其他人會質疑「為何要營業」，現在儼然已變成一種「認真工作，卻會被辱罵」的時代。

當政府說「不准營業」，但若是民眾問到「那麼，經濟該怎麼辦」，對此政府卻僅說「今後會研擬對策」。政府雖表示「或許會發出補助金」，但就算獲得了補助金，若是持續關閉店鋪，有些人必定會失去工作。

因此，雖然已有很多人辭去了工作，但我想真正的恐慌今後才要開始。現今，民眾無法自由地旅行，實際上各種工作已呈現痲痺的狀態。所以，不久應該會出現真正巨大的「經濟恐慌」。

講述本章法話的前一天，我為了前往位於宇都宮市的總本山正心館，在大宮車站轉乘新幹線。走在大宮車站的月台上時，我看到三間小型便利商店。

然而，其中兩間門口卻寫著「自三月十四日起，因應政府要求，本店停止營業」。從當時時間點來看，等於他們已歇業大約四個月。

只有位於中央的店鋪還營業著，但是那邊也是寫著「營業時間為早上七點至下午一點」。但因為我是在下午一點半以後才到此站，這間店也已關閉。所以，月台上的所有商店都是關閉的狀態。

這是政府建議民眾自發性歇業之後，第四個月的情形。各位應該能夠想像，如此狀況持續下去會變成怎樣，想必無法回到之前的狀態吧！

我也擔心如果ＪＲ或者大型航空公司，因為幾兆、幾十兆日幣的赤字進而破產的話，會發生什麼事。

此外，大型百貨公司也一直關閉著，百貨公司若不賣商品，當然沒有辦法生存下去。即使從中央政府或地方政府獲得補助，他們也無法撐下去。我想，肯定會有相當多的人被解僱，失業者必定會大量出現。

至於幸福科學，雖然感到非常抱歉，我們沒有聽中央或地方政府所說的話，三月之後也還是持續正常工作，總部也是正常地運作。我自己還比平時更多工作了一些。

以本會來說，我們時常與世間常識逆行而走。

重要的是，盡快恢復「能工作的體制」

當世人感到慌亂之際，多半為時已晚，往往日本政府都沒有遠見，總是行事緩慢。

譬如，現在日本政府決定給予國民每人十萬日幣，事業體按規模給付三十萬或五十萬、一百萬日幣。有人申請了之後還在等待給付，有人則已經拿到了給付金。但比起普發給付金，還不如創造出「要如何才能盡快恢復能再度工作的體制」的氛圍，還要來得重要。

我感覺到終究人們還是輸給了恐懼之心，面對未知的事物尚且過於脆弱。

今年春天之後，幾乎所有結婚宴客都無法如期舉辦，一直被延後，但這樣下去，婚禮的相關行業全都遭殃。

其實，肉眼看不到的病毒已無關緊要，我認為人們應該要照常舉行結婚典禮。不管是日本時曆上的大吉之日，還是佛滅之日，都可以舉行婚禮。佛滅之日是釋尊回到天上界，一個非常值得感謝的日子，所以不用介意，照常舉辦也無妨。

當世間開始慌亂之時，請試著停下腳步。多半，與其相反的想法，即是符合靈性的想法。請務必認識到，「神佛的想法」往往與世間的想法相反。

即使人們現在獲得了補助，實際上卻沒有太多可消費的機會。雖然有些商店慢慢開始恢復營業，但政府還是勸告人們「不可出去購物」、

「不可出國旅行」。

有些屆齡退休的人，因為覺得是「人生最後一次機會」，所以便花了大把的退休金，搭乘遊輪。殊不知，卻自己把自己關在一個無法逃脫的「囚籠」中，只能無奈地待在船上感染病毒，如此世界實在是很恐怖。

因此，即使拿到了補助，也是沒有辦法使用。

此外，社會當中還有著一些有錢人以及薪水沒有被調降之人。公務員的薪水沒有被調降，但是由於這些人沒有地方可消費，於是只好把錢轉而購買股票，股價因此上升，金價也創了歷史新高。

就像這樣，人們進行著各種投資，但是實際上這是很奇怪的。觀察世界情勢，明明知道經濟恐慌必定來臨，但人們卻拚命地購買股票；明明股票最後可能會淪為廢紙，有些人卻仍一股腦地購買。

當然，他們或許能從中獲取一些利益。如果早點買進、早點賣出，或許能從中賺取利益。但是從客觀來看，即將進入恐慌，卻去購買股票，這實在是非常愚蠢。

然而，現在把錢放在銀行，幾乎沒有什麼利息，甚至最近還出現「凍結民眾銀行存款」的聲音。所以人們或許認為，放在銀行的錢可能會消失。

這在一九九〇年代末期曾發生過一次，在九〇年代的尾聲，日本人在一場金融危機中，經歷了存放在銀行的錢消失不見的恐懼。

根本上的「治療」，除了「好好地工作」以外別無其他

這是一場戰役。根本上的「治療」，即是「不畏懼地，好好地工

作」，除此之外，沒有其他的辦法。再撒多少「紙片」也沒有用。再撒多少的鈔票，也沒有辦法修復現在的狀況。

日本的財政法第五條上寫道「日本中央銀行不得直接收領國債」。但是這有著特例，也就是「若是遭逢特殊狀況，不在此限」。因此，現在正是特殊狀況，所以政府正拚命地將一般銀行所無法購買的國債，讓日本銀行直接購買。

這究竟是怎麼一回事呢？日本央行以一張大約二十日幣至二十五日幣的成本，印刷一萬日幣紙鈔，並將這一萬日幣的「商品」，販賣於市場使其流通。並且日本央行也同時向日本政府直接購買一千一百兆日幣、一千兩百兆日幣的國債。所以，如果屆時國債淪為「廢紙」的話，日本央行也將一同「往生」。現今，發生如此狀況的可能性，變得越來越高。

從總體經濟學的角度來看，今後將出現無法挽回的局面。

日本政府還沒下手的，就剩下「國民個人的存款」以及「企業內部的保留盈餘」。因此為了取得這些資金，我想日本政府應該會實行增稅。現今，日本中央與地方政府都在撒錢，而民眾也很開心地拿錢，但對於今後增稅，就必須要加以忍受了。

感受到「自身的任務為何」非常地重要

然而，光是那些措施，尚不足以讓人們撐到最後，終究還是必須趕緊回歸到正常的工作軌道、工作模式。我們必須克服恐懼，正面迎戰才行。

各位必須要回歸到「原點」才行。自古以來就有疾病及意外事故，此外也有自然現象、天變地異、大雨、洪水、海嘯、地震、火災。人必須學會與這些事物共存。不管富士山會不會爆發，人都必須繼續生活。

所以重要的是，各位不需期待出現特效藥，必須先充實地度過每一天。一方面對神佛祈禱，一方面對於打造世間、來世的幸福未來有所助益的工作上，注入更多的能量。

不管如何地努力，總有一天都還是必須離開世間。

在這層意義上，如同電影「相信黎明的到來。」（製作總監、原作大川隆法、二〇二〇年十月上映）當中的歌詞，我認為人終究還是得抱持「獨自一人前進」的心境。儘管要與世界為敵，有一些事，還是必須得去做。

感受到「自身的任務為何」非常地重要。終究，每一個人都必須認識到「我是為了遂行何種之事，今世才轉生到世間」。

4 樹立信仰之柱，實現繁榮的未來

透過信仰與法力，對抗災厄的行基、空海、日蓮

本章的題目是「始於信仰的創造」，這是一個非常棘手的主題。目前的課題之一是，雖然先進國家當中，存在著擁有宗教的國家，但是其「宗教的內容」、「信仰的內容」，其實變得越來越淺薄。日本也處於一種不知是否還有著信仰的狀況，亦是一個散發出彷彿立刻就能變成像是北朝鮮或中國氛圍的國家。因此，我必須在此果斷地樹立一根信仰之柱。

若是明治時期以後的日本人的信仰心不足夠，終究就必須建立有著

更穩固、抱持真正的信仰心的宗教。並且，人們根據如此宗教，確立生存之道，遂行工作，與他人締結關係，就變得非常重要。

行基菩薩在各種疾病肆虐的日本奈良時代，建造了奈良的大佛。據說，為了建造大佛，動用了當時的國家預算的兩倍之多，換算成現在的價值，就等於是花了約兩百兆日幣建造大佛。這也代表了，他募資到了如此龐大的資金。

這表示行基菩薩有著多麼高尚的德望，正因為政府沒有能力募資，於是才拜託了行基菩薩著手募集。此外，從建造時程管理，到委請眾人協助等等，只要是關於建造大佛的所有事物，當時的政府都全權交給行基處理。

行基在年輕時，曾經被國家鎮壓過，但是到了晚年，他的名聲越來越高。於是，拜託他建造完奈良的大佛之後，各種的疾病便都快速地消失了。

此外，各位應該也聽過弘法大師空海。附帶一提，進行本章法話講演時，我們正好在製作與弘法大師空海有所相關的電影「美麗的誘惑－現代的『畫皮』－」（製作總監、原作　大川隆法，二〇二一年五月公開上映）。

在空海的時代，日本出現了大量的蝗蟲，它們將穀物吃得一片狼藉，狀況非常糟糕。空海被懇求想辦法調伏這些蚱蜢，於是他搭起了一座密教當中稱為護摩壇的祭壇，並坐在上面祈禱。隔天，所有的蝗蟲便不見蹤影了。

這是留於歷史文獻當中的故事。蝗蟲在一天當中便消失了，這表示即使是佛教當中一個宗派的密教教主，也具備著能讓一大群蝗蟲消去的能力。

此外，譬如日蓮也是在人們苦於乾旱之時，透過祈雨的儀式，使雨水降下。

在過去，這些事情本都是「僧侶的工作」。他們既可以讓雨降下，也可將其停止。即使出現了蝗蟲，他們也有能力使其消失。

就像這樣，宗教其實有著更強的力量。

在人們充滿信仰心的時代，便會出現具備著相當力量的法力之人，此人會被賦予對抗各種事物的力量。

必須要向全世界傳達「愛爾康大靈降臨於世」的事實

因此，若是各位能向全世界傳達「愛爾康大靈已降臨於世」，讓全世界的人們在有生之時能知道這個事實，世界會變得更加美好。

至少，我想消除因宗教對立而發生的戰爭。並且我認為，我們能調伏眾多「未知疾病」、「天變地異」。

許多人認為下豪雨、出現大量的蝗蟲，都是因為地球暖化，但事實並非如此。過去的地球比現在還來得更溫暖，但當時並沒有出現現在的現象。即使地球的溫度上升了三、四度，些許的溫暖化不會造成那些現象，所以不用感到擔心。過去地球還有過更溫暖的時期，亦有過更寒冷的時期。

人曾經活在地表還流淌著熔漿的時代，也在冰河時期當中生存下來。一般認為人無法繼續生存在冰河時期，但是人有著足以求生的智慧，進而才得以延續到現代。

因此，今後不管發生什麼事，人還是不能忘卻對於神的信仰，並且克服該時代的困難。

確立信仰的最優先順序，創造未來的烏托邦世界

我們的靈魂歷經了非常漫長的歲月。

並且在其根本上，各位都是源自神佛的一道光。或許僅是一道小小光束，但那也是一道只要加以磨練，便能發揮巨大力量的光束。

正因如此，至今我仍沒有否定且支持著民主主義。

換言之，若是各位能抱持著身為神佛之子的自覺，並且磨練佛性，如此佛性必定會開花結果，開啟一定程度的覺悟。

這與民主主義的原理相同。

因此，若是各位能自覺於自己有那般佛性，並且以神心為基準，經常檢視自己正確與否，並且努力於世間創造美好的政治的話，如此一來，未來即會出現烏托邦世界，未來的政治經濟體制也將被得以打造。

然而，「信仰的最優先順序」、「信仰」，必須將其作為所有事物的出發點。我認為，確立了「信仰的最優先順序」，才有政治的繁榮、經濟的繁榮、科學技術的進步，以及以宗教為中心的文化繁榮。各位不可偏離這個中心軸。

現今，幾乎沒有政黨或政治家講述著如此話語。

此外，以經濟原理行動的人們，也僅是將「能否賺錢」作為基準，並沒有思考信仰一事。現今的經濟學已無法判定良幣還是劣幣。所以，或許有一些人會認為「只要不犯罪就行」，但事實並非如此，仍有「良幣與劣幣」之分。

為了推動建立烏托邦世界，進而努力工作，其所賺來的錢即是「良幣」。因此，我希望各位能勤勉工作。

當然，有些人因為上了年紀，無法自由行動，或者是因為障礙、疾病無法工作，對這些人們伸出援手非常重要，這也是各位的義務之一。

然而，有著健全身體、精神的人們，希望你們能抱持著勤勉的精神，並且心懷如此態度，「我必須將神的榮光降於世間。我要獲得更大的成功，讓這個世間更加光明閃耀」。

把自己的福氣，用於幫助深陷煩惱當中之人固然重要，但請各位切勿盤算著「那就把工作給辭了，靠政府的補助金過活就好了」，這是不可以的。

只要不失理想，便能活於年輕當中

此外，即便你已到了無法工作的年齡，但在真實意義上，你並非是真的沒有了工作。在心中祈禱，也是工作之一。或者，對他人提出建言，也是工作之一。即使是到了九十歲，你還是可以給予年輕人建議。或者是進行宗教性的引導。

並非只有能賺錢的工作，才叫做工作。即便沒有產生金錢，亦能稱為工作。因此，我想要提醒各位，依照各位的年齡，各位的工作尚有非常多的發展可能性。

以我為例，如果是在一般的公司，我已達退休年齡。但是我看自己大概才四十歲左右。所以，請勿把肉體年齡當作藉口！

只要將神光想成像是「加汽油」一樣，持續從天上界接受神光的話，各位即能永保年輕，並且能持續地工作

當失去理想之時，人很快就會衰老。

只要不失去理想，人便能一直活在年輕當中。

至今我已經講述超過三千三百次的講演，我還是會繼續講演下去。

也請各位繼續緊跟著我。

我可沒有想著幸福科學只需要年輕人，超過六十歲的人都走開。此外，我想對支持著幸福科學的財神企業說：「即便出現了病毒、即便出現了洪水、即便出現了蝗蟲，也請絕對不要認輸！」並且還請抱持著「即便與世界為敵，也要發展繁榮下去」的信念。

幸福科學的規模不能僅是如此，我們連一半都還沒走到。僅是這種狀態，我們還不能死。必須讓規模擴大到現在十倍、百倍以上才行。

在日本，本會被認定為第二次大戰後，發展得最蓬勃的宗教，但不能僅是如此，必須將我的教義讓全世界人們得知才行。

要成為給予人們「希望」、「勇氣」之人

在講述此部法話的前一天，雖然已看過了好幾遍，我再次觀看了名叫「最後一擊」（*Cinderella Man*）的電影。這是描繪一位拳擊手在一九二九年世界經濟大恐慌的時候失業，但在紐約再度復活，成為了世界冠軍的故事。

就像這部電影一樣，終究世界還是需要「希望」。現今世界需要一個能給予「勇氣」之人。即使發生了世界恐慌也無所謂，但在那般世界當中，必須出現能給予人們希望及勇氣之人。

「那個人，真是拚命啊」、「那間公司，真是努力啊」，若是有人能如此帶給眾人希望、勇氣的話，其他人就必定能重新站起。所以，請像電影中的主角一樣，若是右手骨折了，就請鍛鍊左手，用左直拳再次

奪回冠軍寶座。

請各位不要將環境與條件作為藉口，請創造出「新的力量」，並發揮如此力量，引導這個世界。

我要對全世界的人們說。

現今幸福科學的活動是以日本作為中心，所以日本必須得變得更強大才行。

但是，美國等其他國家，請不要因此次新冠疫情而失速衰退，請再一次努力奮起。

此外，雖然現在我對中國有所批評，但是關於「七百萬人的香港」對「十四億人的中國」，我並沒有認為「讓七百萬人活下去就好，不管十四億人死活」。

我終究是希望中國知道「什麼才是能夠讓人幸福的人生態度」，並且希望他們能選擇抱持那般態度。

作為方便之法，我對中國進行著批判，但我們希望可以引導中國以及其他國家，能夠發展、繁榮。請各位不要忘記人類共體之愛。

請各位更有力量！

請綻放更大的光芒！

並且，請創造更大的繁榮！

若是各位所信仰的神是真正的神的話，那麼我打從心底祈禱，各位的未來能開啟繁榮之道。

後記

本書的一個特徵，即是「我們與靈性的影響力共存，並且活於世間」之事實。如果未能察覺到這個事實，就等同於像是戴著墨鏡在室內走動、生活。

有一名女性被另一名女性所嫉妒，於是便開始掉髮，甚至頭頂出現了好幾個圓型禿。我發現到有生靈附身在此人身上，並命其退散之後，僅僅一、兩個月後，她的頭髮就又長了回來。

各位或許會以為這宛如是發生在平安時代的故事，但那只不過是因為現代人忘卻了佛法真理而已。

本書當中，包括如何擊退病毒，我還論述了降魔的方法，亦揭露了神的神秘力量以及信仰所擁有的奇蹟力量。對於現代人來說，必須以學習「新的學問」的態度，重新學習才行。

此書，必定會改變你的人生。

二〇二〇年　十二月

幸福科學集團創立者兼總裁　大川隆法

HAPPY SCIENCE

幸福科學集團介紹

幸福科學透過宗教、教育、政治、出版等活動，以實現地球烏托邦為目標。

幸福科學

一九八六年立宗。信仰的對象為地球靈團至高神「愛爾康大靈」。幸福科學信徒廣布於全世界一百多個國家，為實現「拯救全人類」之尊貴使命，實踐著「愛」、「覺悟」、「建設烏托邦」之教義，奮力傳道。

愛

幸福科學所稱之「愛」是指「施愛」。這與佛教的慈悲、佈施的精神相同。信眾透過傳遞佛法真理，為了讓更多的人們能度過幸福人生，努力推動著各種傳道活動。

覺悟

所謂「覺悟」，即是知道自己是佛子。藉由學習佛法真理、精神統一、磨練己心，在獲得智慧解決煩惱的同時，以達到天使、菩薩的境界為目標，齊備能拯救更多人們的力量。

建設烏托邦

我們人類帶著於世間建設理想世界之尊貴使命，而轉生於世間。為了止惡揚善，信眾積極參與著各種弘法活動。

入會介紹

在幸福科學當中，以大川隆法總裁所述說之佛法真理為基礎，學習並實踐著「如何才能變得幸福、如何才能讓他人幸福」。

入會

想試著學習佛法真理的朋友

若是相信並想要學習大川隆法總裁的教義之人，皆可成為幸福科學的會員。入會者可領受《入會版「正心法語」》。

三皈依誓願

想要加深信仰的朋友

想要做為佛弟子加深信仰之人，可在幸福科學各地支部接受皈依佛、法、僧三寶之「三皈依誓願儀式」。三皈依誓願者可領受《佛說・正心法語》、《祈願文①》、《祈願文②》、《向愛爾康大靈的祈禱》。

幸福科學於各地支部、據點每週皆舉行各種法話學習會、佛法真理講座、經典讀書會等活動，歡迎各地朋友前來參加，亦歡迎前來心靈諮詢。

台北支部精舍
台北市松山區敦化北路 155 巷 89 號

幸福科學台灣代表處
台北市松山區敦化北路 155 巷 89 號
02-2719-9377
taiwan@happy-science.org
FB：幸福科學台灣

幸福科學馬來西亞代表處
No 22A, Block 2, Jalil Link Jalan Jalil Jaya 2,
Bukit Jalil 57000, Kuala Lumpur, Malaysia
+60-3-8998-7877
malaysia@happy-science.org
FB：Happy Science Malaysia

幸福科學新加坡代表處
477 Sims Avenue, #01-01, Singapore 387549
+65-6837-0777
singapore@happy-science.org
FB：Happy Science Singapore

祕密之法 改變人生的嶄新世界觀

秘密の法　人生を変える新しい世界観

作　　者／大川隆法
翻　　譯／幸福科學經典翻譯小組
封面設計／Lee
內文設計／顏麟驊

出版發行／台灣幸福科學出版有限公司
104-029 台北市中山區中山北路三段 49 號 7 樓之 4
電話／ 02-2586-3390　傳真／ 02-2595-4250
信箱／ info@irhpress.tw
法律顧問／第一法律事務所　余淑杏律師

總 經 銷／旭昇圖書有限公司
235-026 新北市中和區中山路二段 352 號 2 樓
電話／ 02-2245-1480　傳真／ 02-2245-1479

幸福科學華語圈各國聯絡處／
台　　灣　taiwan@happy-science.org
地址：台北市松山區敦化北路 155 巷 89 號（台灣代表處）
電話：02-2719-9377
官網：http://www.happysciencetw.org/zh-han
香　　港　hongkong@happy-science.org
新 加 坡　singapore@happy-science.org
馬來西亞　malaysia@happy-science.org
泰　　國　bangkok@happy-science.org
澳大利亞　sydney@happy-science.org

書　　號／978-986-06528-8-8
初　　版／2021 年 11 月
定　　價／380 元

國家圖書館出版品預行編目 (CIP) 資料

祕密之法：改變人生的嶄新世界觀／大川隆法作；幸福科學經典翻譯小組翻譯. -- 初版. -- 臺北市：台灣幸福科學出版有限公司，2021.11
304 面；14.8×21 公分
譯自：秘密の法：人生を変える新しい世界観
ISBN 978-986-06528-8-8（平裝）

1. 新興宗教　2. 靈修

226.8　　110013093

Copyright © Ryuho Okawa 2021
Traditional Chinese Translation © Happy Science 2021

Originally published in Japan as
'*Himitsu-no-Ho*'
by IRH Press Co., Ltd. Tokyo Japan
All Rights Reserved.
No part of this book may be reproduced, distributed, or transmitted in any form by any means, electronic or mechanical, including photocopying and recording ; nor may it be stored in a database or retrieval system, without prior written permission of the publisher.

著作權所有・翻印必究

本書圖文非經同意，不得轉載或公開播放

廣	告	回	信
台北郵局登記證			
台北廣字第5433號			
平			信

IRH Press Taiwan Co., Ltd.
台灣幸福科學出版有限公司

104-029 台北市中山區中山北路三段49號7樓之4
台灣幸福科學出版 編輯部 收

請沿此線撕下對折後寄回或傳真，謝謝您寶貴的意見！

祕密之法

大川隆法
Ryuho Okawa

台灣幸福科學出版有限公司

祕密之法
讀者專用回函

非常感謝您購買《祕密之法》一書，
敬請回答下列問題，我們將不定期舉辦抽獎，
中獎者將致贈本公司出版的書籍刊物等禮物！

讀者個人資料　　※本個資僅供公司內部讀者資料建檔使用，敬請放心。

1. 姓名：　　　　　　　　性別：□男　□女
2. 出生年月日：西元　　　　年　　　　月　　　　日
3. 聯絡電話：
4. 電子信箱：
5. 通訊地址：□□□-□□
6. 學歷：□國小 □國中 □高中／職 □五專 □二／四技 □大學 □研究所 □其他
7. 職業：□學生 □軍 □公 □教 □工 □商 □自由業□資訊 □服務 □傳播 □出版 □金融 □其他
8. 您所購書的地點及店名：
9. 是否願意收到新書資訊：□願意　□不願意

購書資訊：

1. 您從何處得知本書的訊息：（可複選）□網路書店　□逛書局時看到新書　□雜誌介紹
□廣告宣傳　□親友推薦　□幸福科學的其他出版品　□其他
2. 購買本書的原因：（可複選）□喜歡本書的主題　□喜歡封面及簡介　□廣告宣傳
□親友推薦　□是作者的忠實讀者　□其他
3. 本書售價：□很貴　□合理　□便宜　□其他
4. 本書內容：□豐富　□普通　□還需加強　□其他
5. 對本書的建議及觀後感
6. 您對本公司的期望、建議…等等，都請寫下來。

IRH Press Taiwan Co., Ltd.
台灣幸福科學出版有限公司